A PARAITRE PROCHAINEMENT

La Mortelle Expérience (roman).

Maîtres et Disciples (*Essais critiques*)

EN PRÉPARATION

La Revue des Théâtres (*Critiques dramatiques*)

WILLIAM SPETH

AUTOUR D'ANVERS

SOUVENIRS ET RÉCITS

AOUT-OCTOBRE 1914

PRÉFACE D'EMILE VERHAEREN

ÉDITIONS GEORGES CRÈS ET Cie
116, BOULEVARD SAINT-GERMAIN, PARIS
5, RAMISTRASSE, ZURICH

MCMXVIII

IL A ÉTÉ TIRÉ DE CET OUVRAGE :

10 exemplaires vélin du Marais
numérotés de 1 à 10.

PRÉFACE

Mon cher ami,

Vos pages reflètent tour à tour la confiance et l'angoisse, la ténacité et le doute, la grandeur et la faiblesse dont les foules étaient saisies pendant les premiers jours de la grande guerre. Anvers est le théâtre où vous déployez ce drame collectif dont tous nous avons frémi, en Belgique. Mille faits, cent anecdotes l'ont nourri. Ce qui me plaît en votre œuvre, c'est le scrupule d'exactitude qui s'y manifeste. On vous croit. *Vous vous appliquez à ne rien exagérer, ni à ne rien diminuer. Si quelque jour un auteur dramatique songe à mettre en scène l'âme d'une foule tragique et douloureuse, il consultera votre livre.*

Le drame qui est en germe actuellement dans bien des cerveaux de poètes ne pourra s'alimenter qu'à l'immense source d'héroïsme et de malheur dont déborde le monde. Les sentiments qu'il mettra en lumière seront ceux des multitudes bien plus que ceux des individualités. Ce qui frappe en cette guerre, c'est que le premier plan y semble occupé tout entier par les soldats. Le chef est quasi ignoré. Aucun de ses gestes n'est dévoilé. On ne sait même où il commande. Certes on le saura plus tard, mais pour l'instant l'imagination s'est déjà habituée à ne voir la victoire dépendre que des troupes. Elles sont le héros multiple et formidable.

Et de même en votre livre, mon cher ami, bien que vous mettiez en scène votre propre entourage, c'est le peuple d'Anvers que j'étudie et que je suis à travers votre texte ; c'est la ville qui agit, qui espère, qui pleure, qui se défend, qui agonise. Vous m'intéressez à une littérature qu'on pourrait appeler obsidionale. Grâce à vous, mon âme a pu vivre en des milliers d'âmes et sentir ainsi son enthousiasme, sa ferveur, sa tristesse, sa pitié, son devoir comme intensifiés et élargis.

C'est ce dont je vous remercie surtout, en tête de ce volume, dont l'écriture, mainte fois, révèle un bel artiste.

ÉMILE VERHAEREN.

Saint-Cloud, 25 octobre 1916.

AUTOUR D'ANVERS

Aout-Octobre 1914

Ainsi, j'ai tout dit ce que je voulais dire pour le moment. Mais un doute pénible m'accable. Peut-être devrais-je me taire ; peut-être ce que j'ai révélé appartient-il à une de ces cruelles vérités qui stagnent obscurément au fond du cœur de chacun et qui doivent rester inexprimées...

Scènes du siège de Sébastopol.

Léon Tolstoï.

CHAPITRE I

PREMIÈRES ALARMES

Nos jours s'égrainaient à la campagne, à C... près d'Anvers. Aucune préoccupation ne troublait notre joie et notre calme ; le soir, sous les grands arbres du jardin, nous nous réunissions en famille ; on bavardait et discutait souvent avec véhémence ; des voisins venaient nous rejoindre, la conversation s'animait davantage. Des mots d'esprit fusaient et le cercle riait d'un bon rire confortable et bruyant. Tout en causant, les dames travaillaient à des ouvrages de mains ; quelques-unes tricotaient. Une jeune femme crochetait des chaussons pour un nouveau-né ; une autre confectionnait une mignonne jaquette pour un bébé qui n'était encore qu'une espérance.

Pourquoi, dans notre paix heureuse, aurions-nous cru à la possibilité de la guerre? Plus d'une fois, l'Europe avait côtoyé le gouffre et toujours, depuis quarante-quatre ans, après l'alerte de Tanger, comme pendant les guerres balkaniques, elle avait su éviter la catastrophe. Pourtant, peu à peu, notre inquiétude montait et nos alarmes se précisaient.

Aussi dans quelle agitation n'avons-nous pas vécu avant l'irrémédiable déclanchement. Vers le soir, les journaux nous parvenaient à C... avec de hautes manchettes grasses et noires ; « Déclaration de l'état de guerre en Allemagne... Ultimatum à la Russie... » Nous constations, non sans satisfaction, que la France ne mobilisait pas et qu'elle évitait tout acte irréparable. Un moment, avec tous les êtres sensés, nous avons supposé que l'Angleterre réussirait à circonscrire l'incendie.

Pourtant les événements se précipitaient. A

chaque instant, la sonnette du téléphone tintait ; de Bruxelles ou d'Anvers affluaient les nouvelles, souvent contradictoires, mais de plus en plus graves : les hostilités entre la Russie et l'Allemagne sont inévitables ; l'intervention de Sir Edward Grey reste infructueuse ; les troupes allemandes vont attaquer la France. Enfin, le vendredi, 31 juillet, le bruit court que la mobilisation générale va être décrétée en Belgique. Cette mesure n'a d'autre but que de préserver notre frontière et de remplir les devoirs imposés à la Belgique par sa neutralité. Cette décision exceptionnelle nous agite. La guerre qui, malgré tout, n'avait été, jusqu'ici, qu'une vision lointaine et vague s'impose maintenant à notre esprit, nette, précise et péremptoire....

La nuit suivante, je fus réveillé par les aboiements furieux du chien de garde ; quelques secondes, je restai plongé dans ce demi-sommeil qui accompagne même les réveils les plus brusques. Le gravier de l'allée craquait et les hurlements des molosses se mêlaient au son lointain, rythmé et sourd du tocsin. Le trille ininterrompu d'une sonnette électrique vibrait dans la nuit. Je me levai en hâte et me précipitai vers la porte d'entrée. La courte flamme jaune de la bougie était écrasée par le courant d'air provoqué par la course. En deux mots, le garde champêtre me transmit les ordres : « A cinq heures, tous les hommes mobilisables seront prêts à partir ». Cette grave nouvelle se répandit comme une traînée de poudre par toute la maisonnée.

Du village tout proche des bruits insolites nous arrivaient : des chants, des cris, le roulement prolongé d'un tambour, le hennissement des chevaux et les jurons gutturaux des charretiers.

Ainsi commençait la guerre ; nous ignorions ce que l'avenir nous réservait ; mais ce soudain déploiement du formidable armement moderne nous effrayait comme un cataclysme incompréhensible et indomptable dans sa force déchaînée. Certes, au début de la mobilisation, le poids qui s'appesantissait sur nous était moins lourd que l'angoisse qui accablait la France. Les hommes qui s'en allaient vers la frontière ne savaient pas encore qu'il y allait de leur existence ; mais aussi, en revanche, nous n'étions pas soulevés par cette vague d'enthousiasme qui exalte les soldats, les stimule à l'approche de l'ennemi, les cravache par la haine. Chez nous, l'on réfléchissait davantage ; on mesurait toute la grandeur de cette nouvelle guerre dont les effets se répercutaient, de loin en loin, jusqu'à notre village réveillé en sursaut.

Nulle folie ne déréglait les esprits ; pas de chants guerriers ou d'hymnes nationaux ; pas de gerbes de fleurs attachées en bouquets, aux pointes des baïonnettes et peu de larmes aussi. Les hommes quittaient à regret leurs foyers ; mais les femmes et les enfants étaient persuadés qu'ils reviendraient sains et saufs. Ah ! quelle eût été l'attitude de ces braves s'ils avaient soupçonné la terrible réalité ! Ils seraient partis en criant, en riant, grisés de chants et de musique, mais nous n'aurions pas assisté à cette noble scène où s'accusait la force et la sérénité d'une race vigoureuse qui se domine.

Le dimanche suivant, vers sept heures du matin, accompagné de quelques amis, je me rendis au village. Nous marchâmes sous les arbres serrés de la grande allée où ne se dessinent jamais de sautillantes taches de lumière et d'ombre. Sur la grand'route poussiéreuse et blanche déjà le soleil dardait : une journée brûlante se préparait. La cloche d'alarme qui avait vibré toute la nuit s'était tue.

Devant l'église, je croisai quelques vieilles paysannes, le châle des Indes plié en deux sur les épaules, le bonnet blanc à oreillettes encapuchonnant la figure ridée et ronde ; elles avaient la démarche traînante, lente et lourde. Comme d'habitude, elles allaient prier et s'agenouiller sous la voûte basse de l'église en briques décolorées. Un de mes compagnons, un vieil ami encore alerte mais déjà grisonnant, me fit lever la tête : « Regarde, me dit-il, le drapeau belge hissé à mi-hauteur ; c'est le signal de la mobilisation. N'oublie pas ceci : jamais plus tu ne verras nos couleurs nationales masquer ainsi en se déployant la lourde maçonnerie de la tour carrée. »

Les rues régulières du village de C... s'alignent à seize kilomètres au nord d'Anvers et à une lieue de la frontière hollandaise. A droite du chemin de fer, de petites villas se blottissent entre le feuillage touffu de jeunes arbustes. A gauche s'étend l'agglomération initiale et les dernières maisons bourgeoises de la chaussée principale, dont le prolongement conduit en Hollande, s'adossent à d'anciennes propriétés. C'est là que j'habite depuis plus de vingt-cinq ans ; j'ai grandi sous ces vieux arbres qui me paraissent immuables et toutes les figures de la localité me sont familières.

Le matin de la mobilisation, le brasseur, grand, rougeaud, un ventre replet et bedonnant, bien planté sur de hautes jambes, était adossé, selon son habitude, au mur de sa spacieuse fabrique ; ses petits yeux clignotaient dans sa face grasse. A notre passage, il touche sa casquette du doigt, d'un geste lent. Il se tait ; il surveille ; les scènes inaccoutumées ne l'intéressent pas et ne l'émeuvent guère. Pourtant sa présence décorative rassure les paysannes âgées et les bonnes femmes inquiètes.

Le secrétaire de la maison communale est un petit vieillard aux jambes courtes. Dans son visage rond et plat, de larges lunettes d'écaille chevauchent un nez épais ; il s'entretient avec les notables du pays ; il vient de recevoir des ordres et, comme il est doué d'autant d'esprit que d'intelligence, il distingue au moins dix façons différentes d'interpréter les communications ministérielles. Il gesticule avec conviction, et, après chaque mouvement de ses bras courts et boudinés, il tire ses manchettes et d'une chiquenaude il enlève d'imaginaires grains de poussière sur sa jaquette élimée, reluisante dans le dos et aux coudes.

Majestueux et hautain, le bourgmestre se promène, à longues enjambées, parmi ses administrés. Malgré leur chagrin ou leurs préoccupations, les villageois affairés saluent avec déférence et le gentilhomme ne paraît pas insensible aux agréments de la popularité. Dierk, l'instituteur retraité, se prodigue ; il gave les villageoises de conseils. Il est né malin. Par son faux air de sacristain distingué, il a capté la confiance des campagnards finauds : en ce petit être compassé et replet s'accumulent les qualités diverses et précieuses du paysan futé, de l'homme d'affaires retors et du professeur habitué à instruire la jeunesse. Ailleurs, le poète de l'endroit pérore ; il gesticule de ses bras puissants terminés par de molles mains de femme. Derrière un groupe, le fou du village, que des gamins taquinent, rit de son triste et tragique rire d'idiot, qui fend sa bouche démesurée et charnue jusqu'à ses oreilles plates et larges comme des coquillages informes.

Le lendemain matin, une nouvelle grave, aux conséquences incalculables, s'abattit, angoissante, sur notre village. L'ultimatum allemand était parvenu à Bruxelles dans la nuit du dimanche au lundi : « Si la Belgique se « comporte d'une façon hostile contre les trou- « pes allemandes et particulièrement fait des « difficultés à leur marche en avant, par sa « résistance des forts de la Meuse, ou par les « destructions de routes, chemins de fer, tun- « nels ou autres ouvrages d'art, l'Allemagne sera « obligée, à regret, de considérer la Belgique « en ennemie. »

Deux autos, venant de la ville, s'arrêtèrent devant le perron. Les conducteurs ne se soucièrent même pas de calmer leur moteur, et, dominant le grondement de leur machine, ils nous crièrent, d'un trait, sans précaution : « Hâtez-vous, les Allemands marchent sur Hasselt...

Ils ont violé la frontière hollandaise... Dépêchez-vous. Il faut partir. » Enervés par leur course rapide, ils ne nous permirent pas de les interroger. Il fallait fuir, on discuterait après ! Ainsi, soudain, le spectre de la guerre s'approchait, se dressait et nous accablait déjà.

Vers neuf heures du matin, des nouvelles graves, fausses au reste, s'étaient propagées ; à Anvers, des affiches officielles, dictées par le bourgmestre, avaient alarmé la population. Comment douter quand les autorités elles-mêmes sont victimes des mensonges de l'ennemi ? Immédiatement, l'on nous avait envoyé les autos à la campagne, nous enjoignant de rentrer à Anvers où nous serions plus longtemps en sécurité.

Quel affolement devait surexciter les pauvres habitants de C... tandis que chez nous, chacun courait, se pressait, réunissait des objets disparates et souvent inutiles. Le caractère de chacun se révélait par les actes et par les paroles. Une de nos amies ne perdit pas son sang-froid ; elle emballa, sans hâte et sans fièvre, le linge de ses deux petits enfants, ses robes et ses manteaux ; elle n'oublia ni les vêtements de son mari, ni ses lettres, ni les factures acquittées de ses fournisseurs. Parmi toutes les mères inquiètes, les enfants braillards et les « nurses » prostrées, elle fut prête la première ; sagement, avec placidité, sans se déconcerter, sans chercher à discerner l'avenir chargé de nuages, elle donna, en attendant, le sein à son dernier-né.

Ailleurs, l'agitation, semblable à la folie, dominait les êtres. Des amis n'avaient entendu et retenu que cet ordre alarmant. « Partez, fuyez, les Allemands sont à la frontière ! » La frontière ! Quelle frontière ? Les pauvres gens déroutés s'imaginaient que les hordes teutonnes avaient franchi la limite belgo-hollandaise, à 5 kilomètres de C... et qu'elles allaient déboucher ici, là, d'un instant à l'autre, sur la grand'route.

Les autos démarrèrent dans un bruit de moteur, de voix féminines et de cris enfantins. Je restais à C... Le silence et le calme qui succédaient à tant de nervosité me réconfortèrent. Pendant les préparatifs fébriles du départ précipité, personne n'avait songé à l'avenir, le présent immédiat et restreint nous avait absorbés tout entiers. Bientôt des sentiments plus essentiels et plus nobles naquirent ; d'instinct, nous devinâmes la signification et les conséquences de la menace allemande. Nous prévoyions maintenant toute la douleur et la cruauté inévitables du carnage. Mais la plupart de nos sensations flottaient encore imprécises et contradictoires : nous considérions la guerre dans son ensemble comme un cataclysme immense et inconnu. Mais la certitude de notre force ne se précisa et ne s'épanouit que quelques jours plus tard, quand nous vîmes les forts de Liége résister au colosse teuton. Déjà quelques-uns, parmi nous, pronostiquaient la façon dont se dérouleraient les hostilités ; ils accumulaient les arguments et les raisonnements pour se convaincre que jamais les Allemands ne fouleraient la grand'route, devant notre maison.

Cependant on descendait les housses du grenier; on couvrait tous les meubles et décrochait quelques tableaux ; en moins d'une heure, la villa fut aménagée pour recevoir l'indésirable visite de Messieurs les Allemands. Le matin, cette demeure était pleine de vie, une vie troublée déjà et incertaine, mais active et toujours bonne. Maintenant, des malles encombraient les corridors et les chambres ; l'argenterie gisait pêle-mêle avec des photographies, des livres précieux ou aimés et ces ivoires ciselés avec autant de finesse que d'ironie, que je maniais amoureusement et caressais comme de petits êtres vivants. La lance fine d'un guerrier japonais, à la face terrible, s'était brisée et gisait, minuscule, à côté d'un coupe-papier tordu, en argent ; un coussin de soie à grands ramages verts voisinait avec une nappe rouge et cette opposition fortuite de couleur était hardie et belle. Des housses moulaient les formes bizarres des meubles. Dans une marine de Baeseler à moitié couverte d'un drap, le ciel et la mer étaient masqués et la quille nue d'un bâteau échoué rappelait une croupe gigantesque comme en exhibe la sculpture religieuse et pornographique des cathédrales romanes.

Je quittai bientôt la maison agitée, pour me retremper dans la campagne et respirer librement. A la porte de l'habitation, je croisai de vieux manœuvres qui ratissaient posément ou arrosaient des plantes. Ils étalaient leur incrédulité et ne s'agitaient guère :

— Allons donc ! Les Allemands ici ! Quelle folie ! me répondit un bonhomme au dos rond et à l'échine courbée ; et il continua son travail avec placidité.

— Alors, c'est la guerre ? demandait un autre.

— Oui, inévitable.

— Ah ! disait-il, comme s'il n'eut pas compris la gravité de cette certitude.

Et je m'enfonçai dans les champs. Etait-elle merveilleuse, cette grande plaine aimée et si familière qui s'étend ici à perte de vue ; les arbres du parc bordent les premiers champs où poussent des betteraves plus malingres qu'ailleurs, aux feuillages jaunis sur les bords ; la terre, rouge par places, forme de larges plaques sanglantes entre les touffes de verdure trop espacées. Car à l'ombre des arbre s qui servent à not agrément, le soleil ne vient pas fructifier le sol et ses plantes utiles souffrent de notre luxe et de notre plaisir.

A côté, dans un vaste champ rectiligne, les petites fleurs mauves, nuancées de blanc, des pommes de terre se dressent entre les feuilles dentelées. Au fond de ce tableau les blés ondulent ; un promeneur avec son chien a traversé le champ ; à l'endroit franchi, les épis sont foulés et une ligne grisâtre serpente. A gauche, les champs sont entrecoupés de buissons bas qui subdivisent ces cultures en d'infinies parcelles. De loin, régulières et minuscules, elles ressemblent à un jeu d'enfant ; les vaches tachetées, paresseuses et lasses, broutent, ruminent, articulent leur mâchoire molle en un mouvement disgracieux et rythmique qui tend et détend les muscles puissants du cou. Des cultivateurs penchés sur la terre travaillent ; la plupart connaissent la grande nouvelle et ils ont senti la panique et l'effroi balayer cette vaste plaine fertile : en eux-mêmes, la frayeur, le courage, l'esprit instinctif de conservation et le désir du sacrifice luttent et s'entremêlent. Je subissais la double suggestion de la nature si calme et de la continuelle agitation des hommes.

J'étais plongé en des réflexions confuses, quand je rencontrai notre vieux jardinier. De rares cheveux blancs très fins se hérissent sur son crâne luisant ; il frotte l'une contre l'autre ses mains aristocratiques, abîmées par le jardinage. Il se plaint toujours du temps et le soleil ne le satisfait pas plus que la pluie.

— Mes plantes, me dit-il d'une voix mouillée, vont mourir ; la guerre va les tuer.

Les phrases s'entrecoupaient de sanglots courts :

— Monsieur doit comprendre ; pendant la guerre, tout va renchérir ; nous avons vu ça en 1870 et l'on ne se battait pas chez nous. Le charbon va faire défaut.

— Je n'ai pas songé au charbon, mon bon Louis. On souffrira un peu du froid, il faudra s'y faire.

— Ce n'est pas pour moi que je me plains, c'est pour mes plantes des serres chaudes. Vous comprenez, quand il ne restera plus de combustible pour chauffer les hommes, à plus forte raison n'y en aura-t-il plus pour les fleurs.

Maintenant, le pauvre homme versait de vraies larmes et il détournait doucement la tête et essuyait ses yeux luisants du revers de la main où la terre adhérait entre les rides et les plis durcis.

— Monsieur devrait venir voir les cypripedium mauves et les catleya en pleine floraison.

Je suivis le brave homme dans sa chère serre à orchidées ; mais ce jour-là, ces étranges et subtiles fleurs des tropiques ne me plurent guère. Le jardinier répétait en larmoyant :

— Elles vont toutes geler cet hiver !

Il s'apitoyait plus sur la fin de ces fleurs aimées que sur la mort glorieuse de tant d'inconnus déjà condamnés.

Comme il arrive souvent, ce furent des enfants qui, les premiers, sentirent et exprimèrent une vérité générale, juste et définitive.

Quelques gosses du village jouaient dans l'allée des hêtres. Un bambin de huit ans, aux cheveux très blonds, coupés au ras de son crâne irrégulier, coiffé d'une casquette de son papa, était muni d'un sabre et d'un fusil de bois. Un autre moutard avait campé sur l'oreille un bonnet qui lui donnait, croyait-il, un air invincible et martial; il gesticulait armé d'une grosse barre de fer et ses mains rougissaient et se gonflaient par l'effort ; un troisième petit garçon battait la charge sur un vieux tambour. Quand le chef de cette petite troupe m'aperçut, il conduisit bravement sa section à ma rencontre.

— A quoi joue-t-on ici ? demandais-je.

Le gosse porta la main à sa casquette trop grande ; il me regarda bien en face de ses yeux bleus, francs et clairs :

— Mais l'on joue à tuer les Allemands, me dit-il.

CHAPITRE II

LA CAMPAGNE ÉVEILLÉE

Ce jour-là, parmi tous les exemples de sang-froid, de courage, de compréhension lucide ou d'abnégation sublime, le plus réconfortant et plus beau spectacle me fut offert dans la maison d'une humble et vieille paysanne. Là aussi, le bruit de l'arrivée des Allemands s'était répandu et les pauvres gens avaient cru à la réalisation prochaine de ce grand malheur. Dans leur naïveté et leur crainte, ils ornaient la guerre de mille horreurs que nous n'avons pas voulu admettre avant l'évidence atroce.

Toute la famille s'était réunie chez la grand'-mère, chez l'ancêtre, dans la cuisine dallée de carrelage rouge. La paysanne octogénaire avait fait chercher dans le voisinage ses deux fils et leurs femmes, ses deux filles et leurs maris. Elle avait été entourée jadis de plus d'enfants encore; plusieurs étaient morts, d'autres s'étaient établis à la ville ; enfin, le plus intelligent et le plus beau de tous s'était expatrié, il avait mal tourné, disait-on, et l'on n'évoquait plus son souvenir dans les réunions de famille. Les petits-enfants étaient également venus : trois grandes filles, les jupes tombant sur des mollets gainés de bas gris, et deux fillettes plus jeunes dont les cheveux de filasse s'étalaient, raides, sur les épaules étroites. La grand'mère s'était agenouillée devant le crucifix d'ébène qui se détachait sur le fond terni du papier peint. De sa bouche édentée, elle avait marmoté quelques prières. Ensuite, mue par un unique sentiment de candeur primitive et de confiance simple, la famille s'était prosternée devant la sainte vierge de plâtre, bleue et dorée, qui trônait sur la cheminée, sous un globe de verre. Et on avait récité l'*Ave Maria*. Quand la grand'mère eut dit « Amen » de sa voix chevrotante et pénible, elle embrassa chacun de ses petits-enfants et elle garda longtemps les mains de ses deux filles dans sa main décharnée, à la peau transparente.

Quand je pénétrai dans cette chambre trop chaude, où l'air manquait, la cérémonie était terminée ; chacun écoutait l'aïeule qui, de sa voix tremblante, entrecoupée de soupirs brefs, conseillait ses enfants. Elle n'interrompit pas son discours à mon arrivée :

— « N'est-ce pas, dit-elle, nous avons été trop heureux ; rien n'est venu troubler notre tranquillité ; les enfants gagnaient largement leur vie, ils étaient contents et ils s'aimaient bien. Je leur ai toujours dit : « Mes petits, cela ne peut pas durer, » voici maintenant la guerre chez nous : nous ne pouvons rien changer à cela... J'avais raison, j'avais raison. »

Remuant très vite ses lèvres fines, elle murmura encore, avec une fébrilité nerveuse, des paroles que nous ne saisîmes pas.

Cette femme âgée nous a donné une belle leçon de stoïcisme souriant et naturel ; tandis que nous nous agitions et nous préoccupions de l'avenir, elle a su évoquer le passé et elle l'a résumé par des paroles réconfortantes et si rares : « Nous avons été heureux ; ne nous plaignons pas. »

Cette humble paysanne résume et répète les paroles dites par Epictète au temps de Néron : « Défaites-vous, pour conserver votre repos, de toute répugnance pour les choses qui ne dépendent pas de vous et n'en ayez que pour celles dont il est en votre pouvoir de vous garantir. » Ainsi les conseils de la bonne vieille femme s'accordent avec les préceptes d'un savant philosophe ; pourtant la paysanne ne sait ni lire, ni écrire. Elle vit, depuis des années, dans sa cuisine dallée de briques rouges et elle ne s'éloigne guère des environs de sa maisonnette. En été, l'après-midi, pendant les chaudes journées de juillet et d'août, elle s'assied sur un banc à sa porte. Sa peau ridée et sèche est cuite par les rayons droits du soleil ; elle tricote machinalement, en remuant à peine le bout des doigts et personne, jamais, n'a su qu'elle réfléchissait.

Je déjeunai à la hâte sur un coin de table, à la maison, parmi des vases entortillés de papiers de soie, des meubles enveloppés, des livres dont la reliure était protégée par des coins en papier. Ce déménagement hâtif me rappelait les beaux et calmes jours d'automme, lorsqu'on active les préparatifs de l'installation à la ville. Mais le soleil dardait ; une de ces journées merveilleuses, comme nous n'en connaissons pas beaucoup en Belgique, au cours des étés pluvieux, se développait, tropicale et régulière. L'air était alourdi par cette brume opaque et haute qui ternit l'horizon et s'étend sur le ciel quand aucun souffle de vent ne la dissipe.

Tout à coup, je fus réveillé de ma songerie par le son, tour à tour aigu et nasillard de clairons lointains. En une seconde, toute la maisonnée fut sur pied. Nous nous élançons vers la grand'route ; déjà les voisins attendent debout, sur le pas de leur porte. Le clairon retentit une seconde fois, plus proche, plus rythmé et plus impérieux. De nouveau, un long silence, puis, tout près de nous, jaillit la musique bruyante, stridente, provocante, martiale et familière d'un régiment en marche.

Sous le soleil brûlant, la troupe défila, interminable. Ce troupeau d'hommes las évoquait un cortège lugubre d'enterrement et cette vision ne nous réconfortait pas. Malgré notre esprit réaliste, nous nous imaginions encore qu'à la guerre, les soldats portaient la tête haute et que les uniformes neufs brillaient. Et nous assistions à l'arrivée de nos défenseurs, maculés, anéantis déjà par une longue marche. Sur les fronts, de grosses gouttes de sueur ruisselaient ; la poussière se plaquait en une boue noire et collait un masque tragique ou burlesque sur les visages rouges, aux veines gonflées.

Et les fantassins passaient toujours... Ils marchaient comme des brutes ; ils ne levaient plus les pieds et les lourdes semelles traînaient sur les pavés, en faisant naître un long murmure rythmique, monotone et très particulier. Aucune parole n'était échangée; les faces luisaient, rubicondes, et les bonnets ronds étaient plantés, au hasard, sur le front, la nuque ou l'oreille. Un homme avait passé son fusil à un voisin complaisant. Sa face n'était plus qu'une tache cramoisie et la poussière avait mordu ses sourcils et teinté de gris sa moustache ; ses cheveux humides de sueur s'agglomeraient par petits paquets ; des rides profondes, sinueuses et parallèles barraient son front. Au bas du pantalon gris-bleu, tout souillé, les jambières de cuir se détachaient, et cette particularité accentuait son air grotesque et tragique. D'un geste brusque, il remontait le sac dont les lanières lui coupaient les épaules; ses mains rouges, aux veines gonflées, pendaient inertes, au bout des bras maigres et longs qui se balançaient.

Malgré leur fatigue et leur air minable, tous ces combattants sales et affaissés nous étaient supérieurs ; ils nous dominaient car ils allaient bientôt donner leur vie pour nous; ils allaient nous sauver, au prix de leur sang. Pourtant, nous nous sentions plus abattus par la pitié qu'exaltés par l'enthousiasme. Un jeune homme cria : « Vive la Belgique ! » mais les marcheurs accablés ne se retournèrent même pas.

Cette douleur physique des troupiers domine et endort notre souffrance morale. Ces soldats des vieilles classes qui nous arrivent sont des pères de famille; la veille ils ont quitté des enfants et une femme aimée ; ils sont partis sans savoir qu'ils marchaient vers la boucherie des champs de bataille et ils n'ont pas prévu l'envahissement de la Belgique. Mais ce régiment est aiguillonné par l'amour-propre, il est poussé en avant par l'honneur.

Des hommes quittent les rangs ; ils se penchent vers le fossé où croupit une eau ferrugi neuse. Des feuilles se reflètent en taches vertes dans cette surface glauque ; par endroits, pousse une végétation épaisse parsemée de minuscules corolles blanches. Des canards nagent à la file indienne et des branches mortes pourrissent dans le liquide trouble. Cependant, quelques soldats, accroupis sur les bords qui s'effritent, remplissent leur gourde et boivent à grandes gorgées rapides...

Les troupes éreintées défilèrent longtemps et bientôt nous ne distinguâmes plus les figures de ces hommes qui nous semblaient tous pareils sous leurs uniformes maculés ; ils nous apitoyaient moins qu'au début, parce qu'ils étaient nombreux et parce que les maux de tous étaient pareils ; nous nous accoutumions déjà à leur lassitude....

Les soldats qui devaient occuper le village s'étaient arrêtés dans la rue principale. Ils se transfiguraient comme par enchantement, et je constatai comme les maux physiques, la fatigue corporelle surtout, se dissipent vite quand un être vigoureux est soutenu par le courage. Autour de grandes et bedonnantes marmites de fonte, les soldats campaient ; ils causaient et riaient ; la soupe chaude les ranimait peu à peu ; l'imprévu de ce premier repas en plein air les divertissait ; ils se passaient de l'un à l'autre les cuillers en métal. Un groupe de « lignards » admiraient l'instrument compliqué et brillant d'un fils de famille. D'autres soldats s'étaient assis le long des maisons, les jambes allongées et le dos appuyé aux façades ; ils restaient immobiles, sans pensées et sans désirs, épuisés par la marche, mais la plupart s'animaient, causaient, se transmettaient des impressions sommaires.

A l'entrée de notre jardin, l'on avait planté en faction un grand gaillard loquace, haut sur jambes, la moustache noire en croc, le couvre-chef crânement campé sur l'oreille ; à ses pieds s'alignaient trois bouteilles de bière vides ; autour de lui, les gens se pressaient, se bousculaient ; les enfants même n'étaient guère intimidés par ce géant sympathique, à la musculature puissante. Parfois, son regard mobile et tendre s'accrochait à la poitrine arrondie d'une jolie fille ; il souriait aussi, paternel et bonasse, aux tout petits qui l'entouraient. Nous le bombardions de questions enchevêtrées : « Allez-vous rester longtemps à C... ? Vraiment les Allemands approchent-ils ? On dit que vous n'êtes que l'avant-garde du gros de l'armée ? Va-t-on se battre ici ? Est-ce vrai qu'en 1870, les Prussiens ont tué des petits enfants et volé des pendules ? » Cet interrogatoire décelait autant d'inquiétude que de nervosité et sans doute cette sentinelle impassible méprisait-elle ce public curieux dont la raison sombrait, qui ne discernait plus la vérité parmi les invraisemblances et les inepties colportées au village, depuis l'aurore.

D'abord, le soldat s'abstint de répondre, mais soudain, il redressa sa haute taille; il dévisagea tour à tour chacun des assistants et, par son attitude, par son autorité martiale, il nous imposa silence. Puis, d'un air naturel, sans provocation et sans bravade :

— Vous n'avez pas peur, n'est-ce pas? dit-il.

Instantanément, la crainte s'évanouit. Plus personne n'ose s'avouer qu'il a été mordu par la peur et chacun, stimulé par l'amour-propre, se croit plus brave et plus calme que le voisin ; déjà, la panique dissipée semble absurde et la crainte invraisemblable. Si, à cette minute précise, le galop des chevaux ennemis avait martelé le pavé de la grand'route, tout le monde : les femmes courroucées, les hommes enthousiastes, les enfants même, galvanisés, auraient volé à la rencontre des Prussiens. Personne n'eût mesuré le danger et chacun aurait immolé son existence dans un élan de noble et miraculeuse folie.

Je me promenai longtemps dans les environs du village. Mon grand dogue danois, au poil jaune et aux grands yeux bruns et ronds, me suivait. Le bon animal flairait les capotes chaudes, déjà défraîchies, des fantassins ; il se laissait même caresser. D'habitude, cependant, il se méfiait des hommes en uniforme, car, un jour, un facteur apeuré l'avait piqué de la petite fourche à deux pointes aiguës dont les employés des postes furent longtemps armés dans les campagnes flamandes.

Six fantassins, commandés par un caporal, exécutaient des rondes dans les champs et les bois de sapins ; rien jamais ne me surprit aussi péniblement que ces hommes qui, le fusil chargé sous le bras, le canon dirigé vers la terre, s'en allaient à l'affût d'autres hommes. Et je compris clairement, pour la première fois, que dorénavant la vie humaine ne vaudrait pas plus que la balle qui transperce les chairs douloureuses, blesse ou tue au hasard. Des chariots réquisitionnés circulaient ; les soldats avaient entassé sur les voitures leurs sacs pesants et leurs fusils dont les canons d'acier brillaient au soleil. Ces derniers venus avaient marché moins longtemps que leurs camarades du premier régiment; ils allaient allègrement ; ils causaient, chantaient, plaisantaient ou interpelaient les habitants. Des femmes circulaient maintenant, chargées de brocs de café dont les troupiers remplissaient leurs gourdes ; le village s'organisait, la mentalité évoluait, se virilisait déjà ; la crainte s'était calmée, les faux bruits s'étaient évanouis, la pitié était maîtrisée par l'action et remplacée par la bonté utile.

Cependant ailleurs, dans les campagnes, surtout chez les citadins qui villégiaturent à C..., la peur injustifiée alarmait encore les esprits. Des autos chargées de bagages et d'enfants passaient en trombe; des voitures vastes, étranges et démodées étaient traînées par des chevaux apocalyptiques dont les côtes saillaient ; sous la menace du fouet, les canassons s'éloignaient d'un trot menu, lent, régulier et pitoyable.

La maison communale, le bureau du bourgmestre étaient occupés maintenant par un général, les cheveux blancs dépassant sous un képi chamarré d'or. Lui seul commandait au village et il présidait à notre destin. Déjà des châtelaines des environs se faisaient présenter à ce militaire tout puissant. Elles ne demandaient qu'à se dévouer ; elles s'offraient à loger des officiers. Plusieurs jeunes femmes accompagnaient leur mari qui venait s'engager.

Il ne manquait pas d'imprévu, cet état-major de village installé dans cette grande bâtisse prétentieuse, ornée de statues médiocres et flanquée d'un escalier de granit, raide comme l'échelle d'un poulailler. Quelle agitation pittoresque : Le remous du public curieux autour des officiers supérieurs ; l'arrivée trépidante des torpédos réquisitionnées qui s'arrêtent un instant et repartent en pétaradant ; les conciliabules des officiers sur les marches étroites du perron ; le double rang des camions de matériel et de vivres qui stationnent ; les employés communaux qui s'énervent ; les dames élégantes et jacassantes qui entament une conversation rapide ; enfin, la foule des villageois groupés en demi-cercle qui assiège de loin l'état-major !

Dans ce tohu-bohu, dans ce va-et-vient, en dépit des ordres souvent contradictoires des autorités civiles et militaires, dans le vacarme des camions qui circulent, malgré le désordre des bureaux et la fébrilité des chefs, dans cette agitation à la fois neuve, gaie dans ses manifestations et tragique par sa signification vraie, seules les sentinelles restent calmes en arpentant la place, satisfaites de leur importance et de leur tyrannie.

En quittant ce lieu où se concentrait toute l'intelligence et la plus grande activité du village, je rencontrai une jeune fille amie éperdue, dévorée de soucis. Elle habitait seule, non loin de notre demeure ; elle s'adonnait à l'art difficile et suggestif de la sculpture et elle croyait que la solitude est indispensable à la conception des chefs-d'œuvre. Pendant les beaux mois de l'été, elle quittait sa famille ; elle vivait et travaillait seule dans une ancienne ferme transformée, avec infiniment de goût, en un home coquet, agrémentée de tout le confort moderne. Ainsi cette charmante et originale jeune fille s'imaginait vivre à la fois la vie saine et fruste des paysans et l'existence supérieure et imprévue des vrais amants de la beauté.

Or cette jeune fille qui incarnait à la fois les défauts, les qualités et les préjugés des artistes et des gens du monde, possédait une chienne qui s'appelait Mirza et un cheval qui répondait au nom de Saragosse. Mais, dans le remous de cette journée étonnante et unique, Mirza s'était égarée et Saragosse avait disparu, en même temps que le jardinier qui, dans cet étrange ménage, servait de valet de chambre et de palefrenier. Pour comble de malheur, la mère de cette jeune artiste lui enjoignait d'abandonner sa sculpture, ses bêtes et sa ferme, pour rentrer au plus vite à Anvers. La jeune fille adorait sa mère et elle lui obéissait fréquemment ; mais elle aimait aussi la chienne Mirza et le cheval Saragosse.

Poussée par la douleur qui rend héroïque, elle était allée réclamer ses chers animaux à l'autorité militaire. Elle avait été reçue par le secrétaire bedonnant, un galant homme très honoré par la visite de cette personne originale qui se flatte de partager équitablement son admiration entre la Vénus de Milo et le Penseur de Rodin. Ah ! comme l'amour des arts égare les conseillers communaux et comme l'amour des animaux peut être funeste aux jeunes filles, quand elles rencontrent des militaires qui n'apprécient pas la sculpture et qui n'adorent pas les bêtes. Le général, énervé et bourru, rabroua le secrétaire ; sa jeune protégée qui se retira décontenancée, vexée, inconsolable de la perte de Mirza et de Saragosse.

Quand j'eus le plaisir de rencontrer cette jeune artiste, elle tamponnait encore ses yeux humides de larmes avec un ravissant petit mouchoir bordé de Malines. Elle m'avoua qu'elle pleurait la perte de Mirza ; le sort de Saragosse la bouleversait moins. Par la suite, seul, le fringant coursier fut retrouvé. Le jardinier qui, sans doute, aimait davantage son cheval que sa maîtresse, avait tenté de préserver cette « plus noble conquête de l'homme » des tourments et de l'humiliation de la réquisition ; subrepticement, il l'avait mise à l'abri en Hollande. Actuellement, Saragosse est hébergé à La Haye où la jeune fille est allée le rejoindre. Quant à Mirza, personne ne l'a revue depuis le début des hostilités.

La grosse auto bleue, qui avait amené, le matin, les hommes d'affaires à leur travail, et qui était revenue ensuite propager la panique à la campagne, arriva à C... vers sept heures du soir. Elle rattrapa les convois militaires dans le village, passa devant le front des troupes, vira à la grille, accéléra son allure dans l'allée des hêtres et faillit toucher un gros marronnier au tournant aigu. Les chiens aboyèrent en percevant le ronflement familier du moteur. Le petit griffon frisé jappa et sautilla en rond dans sa cage et le grand dogue danois, plus philosophe, n'émit que des sons profonds et rythmiques.

L'auto bleue ramenait mon père ; il se refusait à quitter C... ; il m'avoua seulement que le matin même à Anvers, quand la panique avait passé sur la ville, quand les êtres les plus calmes s'étaient apostrophés par de brèves exclamations d'épouvante, il avait eu peur pour ses petits-enfants. Il me conseilla d'aller les rejoindre. A regret, je l'avoue, je montai dans l'auto qui s'élança avec un crissement métallique, bondit, s'enfonça dans l'allée déjà plongée dans la nuit et roula, rapide et silencieuse, sur la grand'route, vers la ville.

Au village, la troupe n'encombrait plus la rue principale ; les soldats avaient été dirigés vers leurs cantonnements respectifs. Dans les cafés, quelques uniformes d'officiers brillaient et les fortes filles flamandes servaient, en souriant, les militaires qui se désaltéraient. A l'hôtel communal, le mouvement de l'après-midi s'était calmé. Dans le bureau du secrétaire, une lumière brillait et vacillait : l'employé ponctuel achevait ses écritures ; le brave homme, court sur jambes, bedonnant et myope, servait sa patrie, selon ses moyens, et de tout son courage.

La 20 HP rattrapait les fiacres lents, lamentables et hétéroclites des derniers fuyards citadins. Les cochers ne frappaient plus les haridelles exténuées qui trottinaient dans le noir ; les enfants sommeillaient ; les couronnes des chênes au bord de la route semblaient une masse opaque qui se détachait sur le ciel presque lumineux. Comme d'habitude, les tramways rouges nous croisaient et s'éloignaient avec un long mugissement de vent et de ferraille. Dans les agglomérations, les commères bavardaient debout, sur le seuil ; au fur et à mesure que le jour baissait, leurs traits s'effaçaient ; bientôt il n'y eut plus que d'épaisses silhouettes humaines qui se détachaient sur le fond clair dans l'encadrement des portes ouvertes. Des soldats montaient la garde aux croisements de quelques routes ; ils levaient leur fusil ou balançaient la main pour nous arrêter ; mais d'habitude, un ralentissement les satisfaisait. La vision de la guerre si proche et si angoissante s'effaçait dans cette chaude nuit. Je me sentais isolé du reste du monde, dans l'auto qui ronflait régulièrement et glissait sur le macadam. Les phares dessinaient sur le sol deux taches lumineuses, aux limites précises qui se déplaçaient avec nous et tiraient subitement de l'ombre une maison, un bouquet d'arbres, un moulin ou même un couple d'amoureux attardés. Ces rapides apparitions retombaient aussitôt dans la nuit et disparaissaient comme si leur existence se fût évanouie après notre passage.

A la porte de la ville, une sentinelle nous arrêta en balançant une lumière. Nous respirâmes l'émanation nauséabonde du canal du Schyn qui exhalait par cette nuit lourde, son odeur fétide et je regrettai déjà, comme un être aimé, l'air vivifiant des champs, le bonheur pur de la campagne, la paix...

CHAPITRE III

ESPRIT GUERRIER ET GESTES NÉCESSAIRES

Dans la vaste maison de ville, inhabitée depuis le printemps, des cretonnes multicolores enveloppaient les tableaux et une toile grise encapuchonnait la copie de la Victoire de Samothrace ; la statue blanche, impérieuse et belle n'était plus qu'un bloc massif, aux formes incompréhensibles et vagues.

Les enfants s'étaient endormis ; d'abord, ils avaient été heureux et joyeux de retrouver des jouets abandonnés depuis longtemps. Mais les pauvres petits, grondés et bousculés par leurs parents énervés avaient été bouleversés par l'approche de la guerre et la fatigue les terrassait. Ils sommeillaient depuis longtemps, tandis que nous discutions et causions encore.

— Le monde entier, disait quelqu'un, est asservi au désir de vivre et de durer. Or, aujourd'hui, la guerre exige le sacrifice volontaire de nombreux individus, afin que le pays ne périsse pas. En s'élargissant, le principe nécessaire de la conservation semble en contradiction avec lui-même. »

La nécessité de résister à l'envahisseur s'imposait lumineuse comme une croyance et précise comme un culte. Tout au plus, osions-nous interpréter différemment la note allemande. Les esprits ombrageux et fiers souffraient surtout de l'affront germanique. Comment les diplomates du kaiser avaient-ils osé suspecter l'honnêteté de la Belgique et lui proposer un marché aussi avilissant? Les hommes se fâchaient et les femmes étaient tristes. Cette insulte nous révoltait tous; un seul désir nous soulevait et nous électrisait: rendre, coûte que coûte, et au centuple, ce soufflet à l'envahisseur. Nous étions les esclaves de nos sentiments d'illuminés et de fous; nous ne raisonnions plus et l'on eût dit qu'un nouvel être, plus désintéressé et plus puissant, s'était substitué à notre mesquine individualité ancienne.

Ce soir-là, dans la bibliothèque aux livres empaquetés, aux fauteuils de cuir couverts de housses, aux hautes fenêtres ternies et privées de rideaux, l'héroïsme latent naissait, grandissait et submergeait les sentiments du passé. A son insu, l'Allemagne nous imposait une mentalité nouvelle. Une vérité irréfutable et personnelle se révélait à nous, persuasive et certaine : le prix de la liberté. Cette certitude est la résultante de quatre-vingt-quatre années d'indépendance politique ; elle est l'idée féconde et pratique que tout régime satisfaisant incarne et représente.

Cette indépendance, nos ancêtres l'ont aimée jusqu'à la frénésie et l'absurdité ; van Artevelde, que la Belgique honore, a été l'incarnation du peuple tout puissant ; il a saccagé les châteaux des seigneurs et il a secoué leur tutelle sévère et humiliante. Le plus puissant des grands suzerains du Moyen Age, Charles le Téméraire, a dû s'incliner devant la volonté ferme des Gantois. Mais, jusqu'en 1830, les Flamands n'ont guère profité de leurs victoires. Jamais les désillusions et les défaites ne les ont découragés. Des villes furent détruites et reconstruites. En somme, la Belgique n'a jamais cessé de se battre et elle n'a jamais cessé de travailler. Liége subit douze sièges et Tournai, Ypres, Léau, Nieuport furent détruits et surent renaître de leurs cendres.

Ainsi en nous-mêmes, ressuscitait purifié, plus net et plus impérieux, l'idéal des Flamands et des Wallons des siècles passés. Notre raison étroite était vaincue, nos goûts mesquins de calme et de quiétude étaient annihilés. Les conséquences de nos premières décisions s'imposent désormais certaines et inévitables ; il faut que notre pays se défende, qu'il se batte jusqu'à l'épuisement, qu'il alimente son courage par l'exaltation, qu'il fortifie son héroïsme par la compréhension de la réalité.

Le lendemain, ces idées essentielles préoccupaient tout le monde. Pourtant le désarroi extérieur et visible de chacun n'avait pas encore été maté par le calme viril et la sérénité vraiment forte ; en nous-mêmes travaillaient des ferments opposés. Rien n'était plus étrange et plus humain que ce contraste entre notre hardiesse et notre nervosité.

Les autos militaires dévalaient devant la maison et soulevaient d'épais nuages de poussière; les conducteurs cornaient à peine en prenant les virages en vitesse ; les officiers supérieurs se hâtaient, circulaient, passaient et repassaient, dictant des mesures urgentes. Les vieilles dames étaient terrorisées ; les nouvelles fausses naissaient, nous exaltaient, nous attristaient et nous laissaient avides d'une certitude. Devant de grandes affiches imprimées, ordonnances militaires et civiles, la foule, serrée, stationnait et se bousculait. Des cortèges de jeunes gens enthousiastes et guerriers croisaient des convois de recrues silencieuses. La haine désordonnée des uns, l'espoir et les illusions des autres, le désarroi sentimental et administratif, le déséquilibre moral et physique nous troublaient, nous émerveillaient et nous soulevaient comme toutes les manifestations spontanées de la collectivité lancée, tout à coup, hors de l'ornière de ses habitudes et de ses pensées mesquines.

La populace, dont les gestes manquent souvent d'élégance et de discernement, se ruait à l'assaut des cafés allemands et des boutiques germaniques. Des carreaux furent cassés; des teutons qui fuyaient furent sifflés, mais on n'écharpa personne. Aucune femme ne fut martyrisée, aucun petit enfant ne fut jeté par la fenêtre sur les pavés durs, comme l'ont prétendu les journaux d'outre-Rhin.

Les scènes de tumulte populaire sont certes dénuées de beauté, mais ces gestes vulgaires expriment à leur manière l'amour du pays ; « l'idée » explique et excuse ces actes blâmables qui, sans cela, ne seraient que l'abject sursaut des plus bas instincts. Au lieu de germer dans un cerveau intelligent et de fructifier dans un cœur généreux, le patriotisme agit sur une nature primitive, déréglée, dont les manifestations se déchaînent ici, brutales et sans subtilité.

Au port, les émeutes s'ébranlèrent plus violentes et plus pittoresques. Dans les rues sales et étroites de la vieille ville, le long de certains quais encombrés de marchandises, sévit le trafic de la basse prostitution. Dans ces endroits qu'ils quitteront bientôt, des matelots ivres, sevrés d'amour, caressent les femmes en les brutalisant. Des filles vulgaires, bruyantes, à la voix cassée et aux appas gras et mous, aux fards poisseux, exploitent ces marins enfantins. Sur des seins épais, des blouses écarlates se tendent : un orgue mécanique moud des airs stupides ; avant de s'adonner à une étreinte définitive, des couples enlacés dansent lentement dans une atmosphère empestée de liqueurs et bleuie de fumée.

De petites négrillonnes, à la tignasse courte et crépue, circulent dans ce cloaque ; elles n'ignorent pas que leurs mollets maigres attisent les hommes qu'elle dévisagent de longs regards savants et le blanc de leurs yeux, sertis dans la peau noire, se dilate, démesuré et inquiétant. Parfois, le soir, le long des quais encombrés de wagons, où une boue huileuse et noire suinte entre les pavés, une mégère, les cheveux gris pendants en mèches inégales sur une face avinée, traîne, d'estaminet en estaminet, une enfant docile et craintive, à la jupe trop courte.

Dans une maison crasseuse et basse, serrée entre d'autres façades étroites et écaillées, un tenancier japonais vend de petites poupées à la peau jaune et aux yeux bridés ; ses geishas tristes et timides sont offertes au plus offrant. Leurs caresses subtiles et brèves sont fréquemment le prix d'un « écarté » ou d'une « manille ». Pourtant le jeu ne les passionne guère ; à petits pas, elles suivent le gagnant qui écrasera ces fillettes dociles de ses grosses mains caleuses et velues.

Tous les hommes d'une même nation se désaltéraient et s'amusaient dans des établissements divers ; là les Scandinaves, les Américains, les Anglais rencontraient des compatriotes. Les Allemands pullulaient, certes, plus nombreux que les autres ; aussi, lorsque je me promenai dans les ruelles sales près du port, où les enfants grouillent et où les lourds chariots passent en ébranlant les maisons chétives et malpropres, je fus frappé par le grand nombre de demeures abimées. La bataille avait été chaude ; les fenêtres de quelques lupanars avaient été enfoncées et des morceaux de verre brillaient parmi les débris hétéroclites d'ordures ménagères. Déjà, sur quelques portes barricadées par des planches neuves, des passants écœurés avaient griffoné des injures à l'adresse des Boches.

Ainsi dans son premier élan, la foule avait saccagé les maisons de ceux qui exploitent la faiblesse des filles et attisent les instincts bestiaux des hommes enivrés. S'il n'était pas naïf d'accentuer certains rapprochements, j'avouerais que ce nettoyage immédiat des quartiers interlopes accentuait, me semble-t-il, une des significations essentielles de la guerre.

Mais chez la plupart des anversois, la haine ne se révélait ni par une telle bassesse, ni par une telle brutalité. L'enthousiasme luttait avec l'inquiétude ; l'exaltation, la crainte, la joie rapprochaient tous les Belges et les effets de la guerre se manifestaient avec précision.

La Chambre s'était réunie à Bruxelles, le 4 août, en une séance mémorable et désormais historique. Jamais l'attitude d'une assemblée ne fut plus belle et plus tragique. Les députés apprirent que les Allemands foulaient déjà le sol belge à Visé. Dans un bel élan les jeunes « Représentants » s'engagèrent solennellement à s'enrôler dans l'armée. Partout le public commentait cette attitude virile et spontanée et le récit de cette séance enflammait les esprits. Jusqu'ici, le coup de foudre, l'ultimatum allemand, n'avait été accentué par aucun de ces gestes théâtraux et nobles qui stimulent la foule et lui en imposent. Maintenant, par la voix de ses mandataires, le pays avait affirmé sa volonté de s'opposer à l'envahisseur et de l'arrêter par le barrage vivant des poitrines du peuple tout entier.

De la frontière sud de notre pays arrivaient des nouvelles satisfaisantes qui nous enivraient. Liége avait été attaqué et Liége résistait. A leur entrée en Belgique, les ennemis avaient rempli de leurs cadavres un vallon verdoyant et nous

nous réjouissions de ces hécatombes car, à notre esprit s'imposaient maintenant l'égoïsme et la cruauté de la guerre. Les journaux publiaient des nouvelles fantaisistes et étonnantes: 400.000 allemands se concentraient sur le plateau de Herve ; une grande armée anglaise allait se réunir à une incommensurable troupe russe et nous devions assister, sous peu, à la plus gigantesque et la plus décisive bataille de l'histoire.

Il fallait durcir son cœur, afin de ne pas faiblir devant l'apparition de plus en plus fréquente de la misère. A chaque nouvel aspect de la souffrance, nous avons cru avoir atteint le fond de la déchéance possible ; seule, une longue et pénible expérience nous a appris que la douleur des hommes est illimitée.

Le cinquième jour des hostilités, je fis une rencontre fantasmagorique et inoubliable. Sur la plate-forme arrière d'un tramway, un soldat en tenue de campagne, le fusil sur l'épaule et le sac au dos, se tenait appuyé à la balustrade. Des larmes coulaient sur ses joues creuses et mouillaient sa barbe aux poils jaunes et raides. Les voyageurs dévisageaient cette apparition macabre qui semblait incarner tout le tragique sans gloire de la guerre. Des personnes compatissantes interrogaient ce pauvre gaillard qui s'essuyait les yeux du revers de la main. Il ne répondait pas et nous regardait d'un air craintif de bête pourchassée. Son allure hébétée, ses gestes fébriles et brefs, témoignaient d'une indicible fatigue et d'une insondable démoralisation. Cet homme était exténué par les privations, et par l'image évoquée des batailles sanglantes ; chacun se disait : « Il est fou. »

Aujourd'hui, certes, ce fantassin éreinté qui pleure sur son propre destin, avant le combat, ne nous émeut plus guère. Nous avons assisté à de plus lancinantes souffrances. Mais, à cette époque déjà lointaine, le guerrier qui sanglotait ainsi en public nous apitoyait. Il ne répondait pas à nos questions ; la honte le bouleversait, il ne se maîtrisait plus. Puis, tout-à-coup, les bonnes paroles d'un vieillard persuasif et tendre, déclanchèrent les confidences qui déferlèrent en un flot ininterrompu. En réalité, l'homme imaginait les aventures horribles qu'il nous conta. Mais déjà il était terrorisé par la cruauté de nos adversaires. En un temps plus paisible et plus favorable au mystère, les auditeurs eussent admiré comme un prophète ou un voyant ce guerrier tout en larmes, inconscient, le cerveau échauffé et les nerfs affaiblis, qui nous débitait son récit par saccades fébriles.

Spontanément, dès l'ouverture des hostilités, il avait quitté Alger, où il habitait depuis dix ans.

— « Au large, nous dit-il, entre Alger et Marseille, notre navire fut poursuivi par un croiseur allemand ; l'ennemi tira sans nous atteindre ; mais à l'endroit où les projectiles tombèrent dans la mer calme, une trombe d'eau s'éleva et le bateau fut soulevé par une vague formidable. De Marseille, je fus emmené à Lyon par un convoi militaire. Vous ne vous imaginez pas le fantastique désarroi de cette gare. Des trains chargés de soldats stationnaient le long des quais agités et ces troupeaux d'hommes entassés vociféraient. Ce vacarme rappelait les rugissements de fauves et de fous. Il sortait des entrailles de la bête humaine et n'exprimait ni sentiments ni idées. »

Un jeune homme tenta de protester ; mais le soldat coupa la parole à son contradicteur et il poursuivit, et enchaîna des phrases bizarres et grandiloquentes ; la vie renaissait dans son cerveau anéanti.

— « Oui, les pauvres bougres étaient empaquetés dans des fourgons à bestiaux, les uns s'appuyant sur les autres ; les plus heureux, les plus vigoureux tendaient leur tête aux lucarnes parallèles des fourgons ; les hommes d'équipe circulaient et la flamme courte de la lanterne accrochée sur leur poitrine les décorait d'une étoile minuscule. La gare était plongée dans l'obscurité et, dans le noir, d'autres formes indistinctes se mouvaient. Entouré ainsi d'êtres inconnus, dans cet immense hall obscur où le sifflement satanique des locomotives rythmait la voix inquiétante des soldats, j'ai eu peur, bêtement peur, je vous l'avoue. »

La voix du narrateur traînait, caverneuse, incertaine et très prenante. Nous ne suspections pas sa sincérité mais nous ne discernions pourtant pas le mensonge involontaire de la vérité. La déraison qui accablait le soldat éreinté se transmettait à nous peu à peu. Le tramway glissait, rapide, sur les rails parallèles et luisants et nous assistions à l'évocation d'une vision sinistre, étrange et nouvelle.

Le militaire nous certifia qu'entre Lyon et Paris son train avait failli dérailler trois fois.

— « La première fois, je fus projeté avec violence sur le plancher; l'arrêt brusque fut suivi d'un lugubre mugissement de la locomotive haletante qui, après une minute d'hésitation, reprit sa course à la mort, dans la nuit. On eût dit que le train lui-même était pris de panique. Le second accident se produisit non loin de Dijon, me semble-t-il; les roues grincèrent, glissèrent et patinèrent sur l'acier. L'allure accéléra, c'était comme si les wagons n'eussent plus touché la voie; l'on n'était plus secoué par le rythme régulier des essieux et des ressorts; pendant quelques secondes, l'on eut l'impression d'être transporté dans un convoi aérien et féerique. Du troisième déraillement, je ne me rappelle qu'un choc net, qu'une douleur, comme une brisure dans le crâne. »

Et le soldat nous montra, au front, une ecchymose rouge, bleutée sur les bords.

— « Vers le matin, nous nous arrêtâmes longtemps dans une petite gare encombrée ; je mourais de soif. Je me précipite vers une fontaine ; mais aussitôt, un jeune homme m'arrête ; en souriant il s'accroche à mon bras et, arrogant, persuasif et mielleux, m'offre un bol débordant de lait. J'étends la main. J'allais me désaltérer ; je penchais la tête dans la tasse et déjà mes lèvres effleuraient le bord quand un officier me bouscula ; je lâchai la tasse ; des morceaux de porcelaine sautillèrent sur l'asphalte du quai et une trainée blanche coula vers le ballast. « Mais, malheureux — cria une voix — vous ne voyez donc pas qu'on vous empoisonne ! En France même, les Allemands ont anéanti ainsi des régiments entiers. A Paris, cinq cent mille personnes sont mortes... ! »

Nous dévisagions, incrédules et inquiets, ce militaire minable et bavard. A notre défiance, à notre indignation passagère, à notre curiosité succédait une incommensurable sympathie stimulée par l'angoisse et par la pitié. Le soldat se taisait ; il s'était de nouveau affaissé, comme anéanti par un surhumain effort. Des larmes s'accrochaient à ses cils et coulaient dans son poil hirsute. Son fusil lourd, surmonté de la baïonnette luisante, s'appuyait sur sa poitrine étriquée. Et maintenant, inconscient et doux comme un enfant, il répétait :

— « Ah ! si vous saviez comme c'est bon de revenir dans son pays, après dix ans d'absence ! Je suis heureux, je suis trop heureux ! »

A la halte suivante, le contrôleur indiqua à notre pauvre pioupiou la correspondance à prendre. D'une main lasse, le soldat esquissa un salut ; il tendit l'épaule et hissa, avec effort, sur le dos, son sac noir et blanc surmonté d'une gamelle neuve. Il empoigna son fusil par le canon et descendit lourdement de la plate-forme. Pendant quelques secondes, nous suivîmes du regard cette touchante, étrange et lamentable apparition guerrière.

Cependant nous ne nous émouvions pas seulement aux récits fantaisistes de faits imaginaires ; les Belges soumis à la discipline du travail régulier, les Anversois habitués aux évaluations concrètes et précises du négoce discernaient la gravité, la portée, la grandeur des événements.

Les premiers triomphes de l'armée belge nous exaltaient ; nous nous imaginions la bravoure de nos soldats et nous nous préoccupions moins de leurs souffrances que de leur gloire.

La résistance de Liége était la première création héroïque de la guerre. La révélation spontanée d'un homme immortel, les manifestations d'un grand caractère, l'éclosion d'actes surhumains nous stupéfiaient encore comme des miracles. Commandée par le général Leman, défendue par sa division de fer, Liége émergeait comme la première citadelle de la civilisation. Par cette résistance inattendue, la Belgique tout entière conquérait, par un seul geste, l'admiration du monde. La veille, nous n'étions qu'un petit peuple actif certes, mais indifférent ; maintenant, le courage d'une poignée d'entre nous, nous faisait les égaux des plus grands et nous étions tentés de nous croire tous héroïques.

Courageux sans ostentation, tenace malgré la chute inévitable, stimulant par l'exaltation sa raison lucide, le général Leman nous transmettait sa mentalité merveilleuse. Soulevés par leur illusion joyeuse, quelques-uns d'entre nous s'imaginaient déjà qu'à notre petite Belgique était échu l'honneur de briser, dès ses premiers pas, l'effort du colosse germanique. Nous n'adorions pas la victoire comme une vision lointaine que l'on n'atteint pas, mais nous croyions la connaître, la posséder comme une certitude. Une opinion juste et réfléchie me semble plus précieuse qu'une lumineuse utopie ; pourtant rien n'était plus réconfortant que le spectacle de ce peuple qui croyait à la réalisation de toutes ses espérances, simplement parce qu'un seul homme avait agi comme si ces illusions s'étaient déjà accomplies.

Cette confiance un peu chimérique stabilisait notre sang-froid.

Les autos, sur les avenues, devant la maison, ralentissaient leur allure ; des règlements complets précisaient les formalités à remplir par les Anversois, les étrangers, les volontaires. La crainte de manquer de vivres, qui avait inquiété tant de citoyens hésitants, s'évanouissait ; la pénurie de la monnaie de billon et d'argent, aussi ridicule que criminelle, diminuait peu à peu. Le soir, des groupes de jeunes gens se promenaient en chantant des hymnes nationaux. Un jour, vers huit heures, ils manifestèrent, exaltés et bruyants, par toute la ville. Ils exigèrent que les drapeaux fussent hissés à toutes les façades : « Drapeau ! Drapeau ! » criaient et psalmodiaient-ils sur un air monotone et solennel. Bientôt flottèrent partout les trois couleurs belges. Mais cela ne suffisait point. Le lendemain matin, dès la première heure tout le monde se précipita chez les marchands. Les étoffes rouges, jaunes et noires furent toutes enlevées ; on dévalisait les magasins ; les percalines inutilisables, les cotonnades défraîchies, les soies et les toiles furent cousues, réunies. Toutes ces étoffes vives exprimaient éloquemment notre confiance. Nous les jetions sur les balustrades des balcons, ou bien nous les fixions aux appuis des fenêtres et elles s'étendaient là, animées par le vent, humbles ou riches, neuves ou défraîchies, comme de vivantes et belles enseignes de patriotisme.

Pendant ces premiers jours d'août, j'ai flâné souvent, après dîner, dans les artères principales de notre bonne ville d'Anvers. Je me suis mêlé à la foule qui circulait, lente et dense, comme aux jours de fête, en avançant à petits pas. J'ai apprécié la force et la beauté du désir unique qui hantait tous les esprits : la conservation nationale stimulée et attisée par la haine de l'ennemi. La douleur calmait et disciplinait ces braves gens dominés par le besoin de se toucher les coudes. Ce flot humain ne manquait pas de majesté. Les parents tenaient les enfants par la main et leur faisaient admirer les drapeaux flottants. Ils leur montraient du doigt les maisons teutonnes, les cafés germains aux façades mutilées. On enseignait à ces enfants à détester l'ennemi et ces bourgeois paisibles leur affirmaient qu'il n'est pas de geste plus naturel et plus nécessaire que d'exterminer les adversaires comme des bêtes nuisibles. Ces conseils, qui nous eussent révoltés jadis comme un crime, amusaient les bambins qui s'imaginaient déjà participer aux batailles. Les gens se suivaient lentement en une procession ininterrompue et l'on ne se bousculait pas. Des camelots vendaient des cocardes tricolores ; les femmes piquaient ces rubans à leur poitrine et les hommes les fixaient à leur boutonnière. Et comme le grand public juge avec simplicité, l'on dévisageait, non sans défiance, les bourgeois oublieux ou pressés qui ne s'étaient pas décorés de ces insignes obligatoires et beaucoup d'inoffensifs citoyens furent soupçonnés d'espionnage.

Parfois un spectacle amusant ou curieux retenait cette foule inactive ; mais il fallait que l'épisode se rattachât à la guerre et dégageât, avec une précision suffisante, nos deux sentiments dominants : le mépris des Boches ou l'amour de notre patrie. Parfois une famille allemande qui avait omis d'obéir aux récents décrets d'expulsion passait, encadrée de gardes civiques courtois. Une grosse mère de famille se hâtait, craintive, et ses nombreux enfants trottinaient derrière elle. Quelques jeunes gens poussaient, certes, des exclamations hostiles ; mais les bons Flamands qui cachent sous une enveloppe un peu fruste une pitié communicative et un rare bon sens, n'humiliaient pas les fuyards et les femmes belges plaignaient les petits enfants.

Ou bien une descente de police dans une maison suspectée nous distrayait. Tandis que les agents, coiffés du casque bleu, aigu, orné d'un écusson d'argent, perquisitionnaient avec méthode, la foule, compacte et curieuse, stationnait à la porte. Des insultes dominaient le murmure des conversations diverses. Des nouvelles, souvent fausses, se propageaient et nous agitaient. On avait trouvé des fusils dans la cave d'un Boche ; une bombe, la mèche allumée, avait été découverte dans un magasin à poudre. Un remous agitait la foule : bousculée, pressée, elle reculait, mais bientôt, la curiosité vainquait la crainte passagère et des centaines de bonnes gens allaient s'écraser contre une façade derrière laquelle se passait quelque chose.

Un jour, nous fûmes conviés à une scène à la fois épique et burlesque. Un des grands restaurateurs allemands qui dirigeait, à Anvers, l'un des plus vastes et des plus luxueux hôtels, s'était barricadé dans les caves spacieuses de son immeuble. Il lui répugnait sans doute d'obéir à l'ordre formel d'expulsion, mais la masse, qui juge sommairement, prétendait que le souci d'espionnage retenait cet homme peureux. Je ne crois pas que ce gros maître d'hôtel enrichi, à la face réjouie, au sourire obséquieux et satisfait, ait nourri des pensées aussi compliquées. Seuls, l'amour de sa propriété et une sorte d'apathie craintive l'avaient conduit à cette aventure romanesque et périlleuse. Peut-être aussi notre homme avait-il été tenté par l'agrément, l'imprévu, la sécurité probable du séjour dans ses vastes sous-sols où les corridors s'enchevêtrent, où les chambres spacieuses et claires se succèdent comme des salles ; seuls, les tuyaux ventrus du chauffage à air chaud déparaient l'harmonie de ces lieux, meublés, pour la circonstance, de fauteuils moelleux et de lits confortables. Des monceaux de provisions avaient été entassés par ce séquestré volontaire.

Comment faire sortir ce gros rat de son fromage ? Il aurait pu échapper longtemps à la chasse d'une armée d'agents. Et puis, si l'animal traqué tentait de se défendre ? N'eût-il pas été criminel d'exposer, dans une aventure aussi ridicule, la vie d'un seul défenseur belge ! Qu'imagina-t-on ? Quel réjouissant stratagème n'inventèrent pas nos perspicaces autorités anversoises ?

Un vendredi soir, les flâneurs de l'avenue de Keyser furent intrigués par l'arrivée des pompiers qui s'arrêtèrent devant le grand hôtel désert. De toutes les rues avoisinantes, les passants accourent et se pressent. Ils se serrent en un large cercle autour des extincteurs et des échelles rouges ; les petits garçons se faufilent au premier rang. Curieuse, anxieuse, la foule attend. Aucun jet de flamme ne lèche les pierres blanches de l'immeuble abandonné dont les carreaux sont ternis par une couche opaque de couleur blanche ; aucun panache de fumée noire ne surmonte le toit. Quelle est l'occupation mystérieuse de ces pompiers affairés ? Autour des yeux, les pattes d'oies des plus âgés se plissent en un sourire et les lèvres des plus jeunes s'écartent et leurs dents rient. Que font-ils ? Avec un bruit de chaînes qui grincent et se heurtent, ils déchaussent la plaque d'acier d'un soupirail ; un pompier, casqué de cuivre, se glisse dans le sous-sol et traîne dans la cave un long tuyau souple qui serpente et se ploie. Il revient bientôt et accroche son tube à une chaudière bizarre. Le feu est activé ; ses camarades immobiles entourent la machine, tels une garde d'honneur. Parfois, une bouffée jaune de vapeur s'échappe par la soupape, remplit nos yeux de larmes et s'infiltre jusque dans les poumons. Le public devine le but de ces manœuvres étranges et il se réjouit. Les retardataires, écrasés entre deux murs de corps humains, se bousculent ; la masse d'hommes retenue par un cordon de police ondoie et des cris : « A bas l'espion ! A mort le sale Boche ! » s'élèvent, isolés. Toutes les issues de l'hôtel sont gardées par des agents de police ; mais la foule s'impatiente.

Enfin, du fond de la cave, une voix indistincte monte, chevrotante ; elle implore :

— « Ne me tuez pas ; ne m'étouffez pas ! »

Ces cris brefs rappellent les jappements d'un caniche mouillé, oublié durant une averse à la porte de son maître. Une épaisse face grasse, cramoisie, les cheveux ébouriffés, la respiration sifflante, les yeux picotants, rougis de larmes, s'encadre dans le soupirail et émerge, telle la face comique de Polichinelle dans un guignol. A peine reconnaît-on, à sa tignasse blonde et à ses yeux clairs noyés dans des bourrelets de graisse, le gros et jovial patron du restaurant. Deux agents de police l'empoignent par le bras et un pompier le saisit par le col du veston. Ils tirent et hissent, en soufflant, le petit homme tout rond dont le ventre rebondi s'écrase contre l'arc du soupirail. En déformant sa face joufflue en un sourire ridicule qu'il suppose émouvant, il implore et minaude :

— « Doucement, messieurs, doucement ; je ne passerai jamais par ici ! »

De ses doigts courts et boudinés il presse son abdomen proéminent. L'extraction du doux Germain tout rond, pitoyable et grotesque, nous réjouit tant que, malgré leur hostilité, les agents de police, les pompiers et la foule tout entière sont secoués par un long éclat de rire qui se développe, s'enfle et s'étend.

Depuis le début d'août, des troupeaux d'Allemands expulsés quittaient la ville ; le sort de la plupart ne nous émouvait guère ; pourtant l'exode douloureux de quelques-uns nous apitoyait. Dans des rues étroites, pittoresques et sales du centre, vivait et grouillait une étrange population austro-allemande, polonaise et sémitique. Ces étrangers baragouinaient un charabia incompréhensible, mélange de juif allemand et de polonais abâtardi par des expressions flamandes et quelques tournures françaises. La plupart de ces gens s'adonnaient au trafic des diamants. Une seule ambition les poussait : gagner de l'argent pour acheter des bijoux et des robes voyantes à leur femme et piquer une épingle de brillants dans une cravate de soie luisante. Ils ne quittaient guère leur quartier et ne se mêlaient pas aux Anversois ; ils convolaient entre eux. Même dans le vaste cimetière du Kiel, ils reposaient tous ensemble, isolés des autres morts. Les stèles des tombes rongées par le temps, où s'incrustent les traits pointus des caractères hébraïques, s'alignaient dans un champ exigu en se touchant presque.

Les hommes âgés étaient vêtus de redingotes ou de jaquettes qui rappelaient les houppelandes traînantes des Ruthènes ; les plus vieux frisaient leurs cheveux en petites boucles égales qui se balançaient sur les tempes le long des oreilles.

Un collier de barbe remplissait le cou d'un poil inculte et frisé ; au centre de ces faces longues, pointait, comme un promontoire, un nez grand, courbe, aux contours nets et caractéristiques et, derrière les lunettes, brillait un regard furtif, jamais immobile. Ces vieux juifs ne manquaient pas d'allure ; ils étaient pittoresques et dignes. Les hommes jeunes avaient renoncé depuis longtemps à ces traditions vestimentaires et à cette distinction archaïque : hâbleurs et bavards, tout en dehors, privés même de ces airs de fouine des israélites intelligents ; le nez saillant en cap entre des joues carrées et plates ; les jambes courtes et arquées surmontées d'un ventre replet ; le rouge, le jaune vif ou le vert épinard de la cravate altéré seulement par la poussière ou l'usure ; une lourde chaîne d'or se balançant sur un gilet de velours élimé, aux poches déformées, — ils représentaient, tiré à des milliers d'exemplaires, le type connu du juif, du juif éternel.

Dans les cafés qui leur servaient de bourse, les jeunes gens gesticulaient, discutaient, marchandaient, se querellaient ; les vieux, assis autour de tables vides, examinaient à la loupe des petits diamants qu'ils soupesaient de leurs mains longues, tout en os, aux ongles gris.

Ces exilés aimaient sans doute à Anvers, leur petit coin de terre, leurs rues sordides et leurs cafés sombres encadrés par les façades lumineuses et criardes de quelques mauvais lieux. Peut-être ces émigrés avaient-ils rompu toute attache avec leur pays d'origine ; mais ils n'étaient pas nos amis, nous ne les connaissions pas : nous nous sommes méfiés d'eux comme des autres.

Dans le train me menant à la campagne, je voyageai avec une cohorte d'Israélites chassés par la guerre. Sur la banquette, en face de moi, trois fillettes étaient entassées ; l'une d'elles pleurait en silence et de lourds sanglots secouaient sa poitrine plate ; elle écrasait sa petite sœur qui jouait, inattentive et dépaysée, avec les fils défaits de sa robe effilochée ; l'aînée me dévisageait ; elle avait atteint cette minute fugitive où la femme de l'Orient, la Juive énergique comme la Turque langoureuse, sont de parfaites créatures d'amour.

L'air d'équivoque maturité de cette enfant malheureuse s'accentuait par son accoutrement inconcevable et extravagant. Une jupe courte, chiffonnée, dénudait les mollets ronds, et sous l'étoffe légère, mousseline fripée de la blouse se devinaient ses formes lourdes, matelassées de graisse. L'innocence des deux enfants qui l'encadraient formait un contraste étrange et piquant avec les manœuvres savantes de cette fillette déjà femme. Elle s'immobilisait en des poses avantageuses et impudiques ; elle croisait ses jambes grasses, sa jupe serrée et défraîchie se relevait jusqu'à mi-cuisse et elle en rabaissait lentement l'étoffe bleue en caressant sa peau nue. Puis, comme si elle eût deviné que nulle coquetterie n'est plus touchante que les précoces gestes maternels, elle se pencha vers ses deux petites sœurs serrées l'une contre l'autre; toute frissonnante, elle appuya sa bouche aux lèvres charnues et rouges sur leur pulpe lisse, mais, tout en les embrassant, d'un regard oblique et perçant, elle provoquait les hommes.

Dans le couloir, un petit garçon habillé à l'allemande, le pantalon coupé court et s'évasant sur les genoux, se blotissait entre des exilés dont le nez, vrai stigmate, semblait ronger le visage. Sur le quai, une duègne juive, massive et flasque, sanglotait et enfouissait son visage ratatiné dans un grand mouchoir crasseux. Elle pleurait sans discontinuer, sa poitrine opulente et molle se soulevait, rythmique. Ayant eu la suprême adresse d'obtenir un permis de séjour, elle ne partait pas. Autour d'elle, ses coreligionnaires grouillaient, déguenillés, sales, fatigués, la peau jaune tirée par l'émotion.

Tous ces Galiciens, ces Polonais, ces Israélites pauvres de Francfort ou de Mayence glapissent à la fois. Ils se soucient plus de leur argent, de leurs affaires et de leurs maisons délaissées, de leurs pertes actuelles et de leur gain de jadis, que des enfants et des femmes qu'ils traînent, après eux, comme un bétail docile. En jouant avec sa massive chaîne de montre, l'un dit : « Cet exode va me ruiner ; j'ai tout abandonné, je n'ai pu emporter que ces cinq cents francs et j'avais plus de deux cent mille francs en banque. » Un autre, un bonhomme gras, avec des favoris gris encadrant une figure parcheminée, se vante d'avoir tout sauvé, grâce à son savoir-faire et son intelligence ; il exhibe un portefeuille bourré de billets de banque que ses amis tâtent, manipulent et soupèsent. Tous évoquent leur arrivée déjà lointaine à Anvers, leur mariage, la richesse acquise par l'habileté et le travail, les opérations fructueuses, ou avortées ; ils confondent les préoccupations matérielles et les déceptions sentimentales ; les unes et les autres les émeuvent et les attendrissent également.

Sans s'interrompre, ils lancent de petits regards brefs et clignotants vers les Belges ; leur impression ne décèle ni haine, ni envie, car ils méprisent notre héroïsme. Verser son sang pour préserver sa personnalité et son indépendance, n'est-ce pas, à leurs yeux, un signe de faiblesse et une absurdité ? Ils ont conscience de leur vigueur et de leur souplesse ; malgré leur fuite, malgré le malheur, ils gardent, intacte, leur foi dans la supériorité immuable de leur race robuste et vivace...

CHAPITRE IV

ESPOIR, ATTENTE ET ANGOISSE

En sautant du haut marche-pied du compartiment qui surplombait le quai, j'éprouvai comme une volupté saine et forte à remplir d'air frais ma gorge où l'atmosphère fétide et chaude du wagon, chargée des miasmes d'une humanité malpropre, laissait un âcre goût desséchant et mauvais.

Sur la place carrée, devant la gare, m'attendait le poney attelé à la charrette anglaise. Le vieux cocher avait calé son corps massif sur la banquette exiguë. Il me passa les guides et le petit cheval s'élança en s'ébrouant.

Devant la maison communale, une sentinelle nous arrêta ; pendant qu'elle vérifiait, en les froissant, nos papiers d'identité, je me laissai imprégner par les sentiments et les idées que dégage ce lieu connu. Comme le jour de mon départ de C..., des autos stationnaient devant le perron raide où veillaient, immuables, telles des divinités rébarbatives, la Science avec ses tablettes et la Justice chargée de sa balance. Un peloton de fantassins, la calotte ronde sur l'oreille, s'alignait autour du bâtiment. Des autos se rangeaient et, parmi les conducteurs, je reconnus plusieurs de mes amis. Le brillant trop neuf de leurs guêtres, le rouge trop cru de leurs passepoils, me rappelait, malgré moi, quelque déguisement. La transformation de cette paisible place de village en un camp important et agité évoquait un changement de décor de théâtre brusque et rapide. Ce va-et-vient des officiers, l'animation des conversations enchevêtrées, la nonchalance des conducteurs qui causaient une cigarette aux lèvres, enfin toute cette gaieté sensible, cette activité et cette fougue neuve ne nous incitaient pas à prendre au sérieux ce déploiement militaire épanoui.

Le village me semblait métamorphosé, parce que, pendant mes quelques jours d'absence, mon propre esprit s'était modifié et raffermi. En avançant au trot lent du poney, qui martelait le pavé de ses fers étroits, nous rencontrâmes une colonne en marche. Sous le ciel gris d'une journée fraîche, des lignards s'immobilisaient.

Au bord des routes, à la porte des cantonnements, des hommes groupés jouaient aux cartes. D'autres astiquaient leur fusil ou leur baïonnette, ou bien, penchés sur le bord des fossés, ils lavaient du linge. Il y en avait qui, de leurs doigts maladroits, cousaient un bouton à un vêtement fripé. Des villageois, que l'uniforme grandissait et virilisait, me saluaient d'un geste militaire, maladroit, et cordial.

Une auto chargée d'officiers nous rattrapa; la poussière nous picota les yeux et le poney effrayé se dressa. Des femmes et des enfants se promenaient accompagnés de militaires. Je vis un soldat accroupi devant un petit garçon. Il avait déposé son arme sur le bord du trottoir; il lançait un gros ballon rouge et noir au gosse rieur, qui courut à sa rencontre, balançant son petit corps dodu sur ses jambes fragiles. Quand la joue de l'enfant frôla la barbe récente et dure de son père, le bambin articula un cri perçant et joyeux d'oiseau ; deux bras se resserèrent sur lui ; un rire aigu et juvénile se confondit avec un rire plus profond et plus grave. Mais voici qu'un officier passe avec un cliquetis de sabre, de chaînettes et d'éperons. Mû par le ressort de la discipline, le père repousse brusquement son fils abasourdi. Tour à tour, il jette un regard craintif vers son supérieur et un regard éploré vers l'enfant déçu. Il rectifie la position, joint les talons, porte la main à son bonnet de police d'artilleur; mais le commandant s'arrête, il contemple le gosse tenté et ébloui par les galons d'or, qui tend vers lui ses menottes serrées.

Il soulève le bambin, l'embrasse, tapote amicalement les petits mollets ronds et, en souriant, le dépose dans les bras de son père...

Le parc où je pénétrai bientôt, sous les arbres de l'allée de hêtres, m'offrit un spectacle qui m'attrista plus que je ne l'avais prévu.

La bonne humeur des soldats et la joie qui semblait animer le village m'avait rasséréné. La variété des uniformes, les occupations diverses des troupes, enfin les mille et un détails nouveaux de ce tableau pittoresque et aimablement guerrier m'avaient amusé et touché. Mais, tandis que les hommes se rassuraient et se maîtrisaient, la nature, aussi variable et vivante qu'un être humain, subissait la répercussion de nos préoccupations et de nos actes ; elle s'abîmait déjà, comme attristée par un automne précoce.

N'est-il rien de plus attachant qu'un parc qui se transforme sans cesse ; soigné et ratissé tous les jours, il se pare en été comme une jolie femme ! Mais pendant les jours humides et bas de l'hiver, les pelouses négligées, jaunes et mortes, sont tachetées de plaques terreuses ; l'herbe est inégale ; les parterres vides ressemblent à des fondrières, et la trace profonde des pas forme des milliers de petites mares irrégulières et enchevêtrées dans les chemins boueux. Mais, dès le printemps, les rhododendrons en fleurs seront d'immenses bouquets rosés. Dans les plates-bandes semées des fleurs vulgaires et prime-sautières, les pétales mauves et jaunes des pensées se touchent; des myosotis qui pâliront peu à peu et que l'on arrachera bientôt comme une herbe sèche mêlent leurs tiges grêles. Les espèces précoces remplacées par d'étranges et minuscules plantes aux feuilles ombrées de grenat et de vert foncé se juxtaposeront comme de bizarres mosaïques. Dans les chemins, des graviers gris, bleutés scintillent. Après la fenaison, les pelouses vallonnées seront tondues à la machine, entretenues et balayées comme de précieux tapis. Maintenant, dans les parterres, fleurissent les hauts cannas fiers et raides sur leurs longues tiges et les bégonias rouges, mous et las; les roses s'effeuillent tous les matins et les reines-marguerites violettes et blanches bordent les bosquets comme d'une couronne funéraire.

Cette fois, la loi de la nature semblait violée; de sa brillante et saine maturité, le jardin avait passé, sans transition, à sa langueur et à sa rigidité hivernales. Le parc abandonné n'était plus entretenu ; dans les chemins bosselés, les mares s'allongeaient ; les bords des pelouses régulières étaient roussis par les feuilles tombées prématurément; les mille petites branches arrachées par une tempête récente s'étaient incrustées dans les parterres et les corolles des fleurs s'étaient brisées. Devant la maison même, on avait allumé un large feu de bois et une plaque noire rongeait l'herbe. Que cette monotonie précoce et cette désolation artificielle contrastait donc avec l'aspect habituel de ces lieux; et ceci nous enseignait qu'avant de nous fortifier et de nous grandir, le sacrifice saccage notre travail et détruit nos efforts.

Je m'enfonçai dans les bois environnants pour respirer l'exquise et piquante senteur des sapinières; ce pèlerinage dans la solitude, dans la nature fruste, me rasséréna en tuant, par la rêverie, le germe de toute idée lucide et de toute impression forte.

En rentrant je croisai des soldats. Dans le lac où se mire le hêtre rouge, au fond du jardin, je vis des militaires, nus jusqu'à la ceinture, le torse velu, qui lavaient des caleçons et des vestes de toile ; d'autres prenaient des bains de pieds dans l'eau claire qui, remuée, se mêlait à un dépôt ferrugineux et dégageait une senteur de tourbe et de boue. Deux têtes, cheveux plaqués et oreilles écartées, émergeaient en boule au milieu de l'eau. Sur les fils de fer, près de jeunes espaliers, des vêtements détrempés séchaient. Une capote fraîchement lavée écrasait et courbait les branches d'un conifère rare, aux aiguilles argentées. Devant la remise, une bouilloire de fonte avait été fixée à un trépied ; une marmite pendait au bout d'une chaîne ; une vapeur odorante s'échappait du couvercle massif et rouillé. Des hommes s'étaient étendus sur la paille ; les clous usés de leurs semelles scintillaient. Un sergent avait installé une table boîteuse sous un arbre et, le dos courbé, l'échine pliée, son nez long frôlant le papier, il calligraphiait un rapport.

D'autres fantassins se promenaient, travaillaient ou s'amusaient sans contrainte. Leurs jeux, leur démarche, leur aisance attestaient leur accoutumance à fréquenter ces lieux. Ils étaient venus se cantonner chez nous pour défendre notre patrie ; ils se considéraient chez eux autant que nous-mêmes. N'aurais-je pas dû me réjouir de leur présence ? Cependant leur intrusion choqua mon instinct de la propriété et de l'exclusivisme familial et je fus peiné de la liberté de leurs allures, de leur sans-gêne et de leur joie simple.

Devant le perron, le poney, attelé à la charrette anglaise, chassait les mouches de sa longue queue souple. Je montai en voiture. Le petit cheval capricieux trottina et le vieux cocher m'initia aux derniers potins du village, et tous ces récits, toutes ces confidences, étaient imprégnés de l'esprit nouveau de la guerre.

Il me dit que l'obèse et bref secrétaire communal avait maigri de dix kilos ; le général commandant du quartier général de C. l'accablait de travail ; il avait été chargé de la tâche ingrate et périlleuse du cantonnement des troupes ; ce brave homme s'était créé bien des ennemis et il se lamentait sans cesse. Tous les officiers réunis de l'armée belge n'eussent pas satisfait l'ambition des villageois qui réclamaient des généraux, des colonels et des commandants. J'appris aussi que le brasseur vendait deux fois plus de bière qu'en temps de paix et qu'un marchand adroit qui cumulait la vente du tabac, du fromage, des bonbons, de la ficelle et de la colle forte, faisait fortune. Je m'informai du sort du cheval Sarragosse et de la chienne Mirza dont la fuite m'avait inquiété le jour de notre départ de C. Le cheval était retrouvé, le chien avait disparu. Le cocher loua aussi le patriotique et exaltant sermon du curé qui officiait avec autant de chaleur que d'onction, dans l'église en briques déteintes où le drapeau belge flottait toujours à mi-hauteur.

— « Avant de prendre votre train, me dit le vieux serviteur, vous devriez aller visiter la propriété de M. H. Vous serez étonné ; c'est intéressant. »

Il tira sa grosse montre de son gilet déformé,

ouvrit le boîtier de cuivre terni et bosselé, suivit pendant quelques secondes la marche des aiguilles lentes sur le cadran blanc, absorbé dans des calculs compliqués, et il conclut avec simplicité :

— « Vous avez bien le temps avant le train de six heures cinquante. »

Nous quittâmes la route principale où s'alignent les maisons bourgeoises et cossues des petits rentiers, des boutiquiers riches, du médecin et de l'instituteur. Un coup de fouet fut appliqué sur le poils ras du poney entêté qui se cabrait.

— « Le parc de M. H., poursuivait le cocher, a été bouleversé : les arbres ont été abattus et, demain, les troupes du génie feront sauter la maison. Une explosion terrible nous a déjà ébranlés la nuit dernière : c'était la démolition des écuries. »

La condamnation nécessaire de ce parc merveilleux, touffu, riche de fleurs vivaces et d'arbres séculaires, me touchait comme la mort d'un être.

— Oui, c'est bien malheureux, — si vous aviez vu la mine défaite de ce pauvre Monsieur. Il a hérité de cette propriété de ses grands-parents et, disait-il en pleurant, « ces arbres sont mes ancêtres. » Il faisait peine à voir. »

Les décombres du parc que j'avais cru impérissable étaient émouvants de grandeur et de tristesse. Devant moi ne s'étendait plus qu'un terrain travaillé, bouleversé, saccagé, limité à l'horizon par le monticule jaune d'un fort moderne. Des troncs sciés gisaient, entassés, au bord de la grand'route ; de l'écorce des sapins abattus saignait une sève transparente et gluante qui s'agglomérait en stalactites mous. Aux deux bouts des troncs sciés, les chênes et les hêtres exhibaient, comme des stigmates, le nœud serré du cœur. Sur un petit lac terni, nageaient des brindilles d'herbe et des rameaux verts. Les arbustes taillés à mi-hauteur, s'aiguisaient en pointes dures ; les branchages amoncelés en tas réguliers et carrés rappelaient d'innombrables et immenses catafalques. Les pelouses avaient été meurtries par les chaussures lourdes et les outils tranchants. Une place rouge comme une mare de sang fixait l'endroit des communs détruits ; les briques, réduites, cassées, pilées, avaient été nivelées sur le sol. Au bord d'un chemin défoncé, fleurissait, intact, un rosier blanc comme un bouquet de mariée ; deux marronniers interminables, squelettiques, ébranchés, s'élevaient, noueux, seuls, fiers, sinistres comme les gardiens de cette désolation. C'étaient des géants blessés, à l'attitude héroïque qui se tordaient dans le ciel.

Le soleil couchant bordait d'or les nuages

noirs. Une brume grise flottait sur la campagne et l'enveloppait d'un manteau ténu. De nouveau, des troupes passaient avec un martellement de semelles sur les pavés ; on ne distinguait aucune figure et le bataillon serpentait sur la route. Au loin, dans le village, des lumières s'allumaient ; de bonnes vieilles, coiffées de bonnets de dentelles à oreillettes, sortaient de leur maison basse pour clore les volets.

Nous repassâmes devant notre demeure et, dans la salle à manger éclairée, je vis l'ombre d'officiers inconnus qui dînaient à notre table familiale.

Il n'est pas facile de garder son sang-froid, de juger avec discernement, quand une trépidation nerveuse agite tous les habitants d'une grande ville. Malgré soi, malgré la lucidité de sa raison, on ne résiste pas à la fièvre qui vous gagne et se propage comme une épidémie. Les événements se précipitent en ces heures graves et uniques qui décident de la vie, de l'avenir, de la gloire du pays aimé. Nous sommes semblables au patient qui lutte contre la maladie, montant à l'assaut de son cœur. Une seule opinion nous domine, un seul sentiment nous broie : le désir du triomphe et la certitude de la victoire. Notre conviction s'alimente de notre sang.

Nous nous comparons volontiers au montagnard qui, parti dès l'aube, escalade une crête difficile. Au début, il se hâte, il s'échauffe, mais il se pondère bientôt. Il consent à des détours bizarres et il multiplie les lacets. Le voilà arrêté par un barrage infranchissable ; il recule ; il tombe, roule, glisse sur la pente ; il s'agrippe aux rochers, se relève, le visage en sang. Mais la souffrance ne l'arrête pas, le désespoir ne l'abat point. Maintenant, sa lucidité aguerrie prévoit les obstacles, son expérience les aplanit et son courage les surmonte déjà.

Durant ces heures d'attente et d'angoisse, tout travail étranger à la guerre est un martyre. Notre ruine ou notre prospérité individuelle ne nous préoccupent guère. Jadis, nos passions rampaient, mesquines et peureuses ; l'amour ne créait qu'un drame médiocre et restreint. Mais une révolution s'est déchaînée en nous-mêmes : le scepticisme lucide d'Epictète ne nous console plus, la philosophie sereine de Confucius reste inapplicable ; le silence de Zoroastre équivaut à un renoncement, et l'homme qui pratiquerait la bonté et la fraternité du Christ se rendrait coupable, envers sa patrie, du péché d'ingratitude que l'Evangile condamne.

La raison est impuissante et la sagesse fait faillite, l'amour est un crime et la haine un devoir. Que subsiste-t-il des préceptes sublimes des grands directeurs d'âmes ? Rien ; des mots vides de sens et des principes inutiles. Les seuls conseils efficaces sont ces ordres fermes et humains de Napoléon le « Conquérant » :

« J'ordonne que la discipline soit maintenue « de la façon la plus sévère ; point de grâce « pour les plus petites fautes. On aura pour « l'habitant les plus grands égards. On respec- « tera principalement les églises et les cou- « vents. »

Malgré notre espoir vivace et réconfortant, nous fûmes ébranlés par une commotion douloureuse, quand, le matin du 19 août, nous dépliâmes notre journal. Le titre s'étalait lugubre et les grosses lettres noires de la manchette évoquaient une lettre de deuil. Le gouvernement avait quitté Bruxelles et s'était réuni en conseil à « l'Athénée » d'Anvers. Dans ce vaste lycée à la façade prétentieuse et aux salles sévères, où sont accumulés les souvenirs de notre jeunesse, les ministres prirent des décisions pénibles et nécessaires. Les Allemands marchaient sur Bruxelles ; l'armée belge allait se replier sur Anvers.

Pendant quelques heures, l'accablement abat notre espérance et trouble notre sang-froid. Mais notre optimisme, un instant engourdi, se réveille et remporte sur notre découragement une victoire définitive.

J'allai me promener au centre de la ville où les passants circulaient, pressés et inquiets. Les drapeaux flottaient encore aux façades. Mordue par le vent, l'étoffe tricolore pendait, inerte et molle, le long de la hampe. Les enfants, vendeurs d'éditions spéciales, couraient, criaient, se rattrapaient, s'arrêtaient et distribuaient aux passants les feuilles dépliées, moites d'encre fraîche. Les nouvelles sont mauvaises. Louvain vient d'être pris et Bruxelles est à la merci de l'ennemi. Nos appréhensions s'accentuent. Voilà, tout à coup, qu'un bruit de victoire circule, monte, s'épanouit et gagne de proche en proche.

Louvain, affirme-t-on, est reconquis ; l'ennemi s'enfuit en désordre ; la marche sur Bruxelles est arrêtée. Les certitudes et les précisions s'accumulent : un des ministres est sorti en courant de l'hôtel Saint-Antoine, s'est précipité chez son gantier et là, pendant que son coude s'appuyait sur le comptoir et que la vendeuse glissait la peau de daim sur les doigts de son Excellence, il a confié cette nouvelle satisfaisante à la demoiselle de magasin ; celle-ci a communiqué ce secret à un agent de police de ses amis et le gardien de l'ordre l'a répété, d'une voix tonitruante à un attroupement de curieux accourus. Maintenant, des centaines d'émissaires propagent, colportent, enflent la bonne nouvelle ; les langues se délient ; les passants s'apostrophent sans se connaître; la joie déborde et un rayon de soleil qui déchire le manteau gris des nuages rafraîchit et accentue les couleurs des drapeaux déteints.

A l'heure où nous croyions les Allemands chassés à tout jamais de ce sanctuaire intellectuel de la Belgique, la bibliothèque de Louvain flambait et des habitants paisibles gisaient dans les rues, massacrés. Mais cette fausse nouvelle nous a convaincus de la vitalité de notre confiance, vigoureuse et forte, malgré les déboires et le recul.

Peu à peu, presque à notre insu, l'aspect de la ville se transforme, les spectacles guerriers, lamentables et lugubres se multiplient ; nous souffrons maintenant de la présence de l'ennemi à proximité de la ville ; les Allemands ont avancé jusqu'à Vilvorde ; Malines a été prise, évacuée et reprise, malgré les sorties offensives de l'armée de campagne et de la garnison concentrée à Anvers. Les premiers réfugiés déferlent à présent ; ils marchent lentement, hagards, exténus, en de longues processions. Le malheur les anéantit. L'incompréhension et la grandeur du cataclysme qui s'abat sur eux paralysent leurs facultés mentales. Blottis contre leurs parents, les enfants avancent, minables, éreintés, le nez rouge, les joues sales, les bottines gluantes de boue, les chaussettes ou les bas tirebouchonnant sur les mollets maigres. Parfois une famille isolée s'attarde, les vieux zigzaguent, comme ivres de fatigue ; le silence prostré de ces paysans fatalistes est plus poignant que les larmes, les cris ou les plaintes. Nous nous hâtons, sans pouvoir secourir tant de miséreux et notre cœur déborde d'une pitié impuissante. Quelquefois un village entier a été vidé et un long cortège serpente tristement par la ville ; des êtres qui se différenciaient jadis par leur esprit et par leurs vêtements, par leurs émotions et leurs souvenirs sont nivelés maintenant par la force suprême et invincible de l'horreur. Ils se ressemblent tous ; ils forment une masse vivante, grise, affaissée, regards vagues et dos courbés, appauvrie par le pillage, égalisée par la souffrance, abrutie par la crainte.

Ces colonnes de compatriotes chassés nous rappellent les longs convois d'émigrés qui s'entassaient au port. Des mères accablées portaient, elles aussi, des enfants dont la tête lourde balançait sur un cou sans muscles ; des vieillards trébuchaient, exténués, indifférents au spectacle neuf; la peau jaune des jeunes femmes magyares ressemblait à de la cire ternie. Des jeunes filles corpulentes et lasses étaient enveloppées de châles bigarrés qui dessinaient leurs formes et accentuaient leur gorge. Des hommes, bas sur jambes, marchaient à petits pas, sans bouger leur corps en bois, gainés dans des gilets de velours à boutons dorés ; des chapeaux bizarres s'enfonçaient jusqu'aux oreilles. Les bras des petits garçons se balançaient le long d'un corps maigre ; de jeunes mères, les yeux cernés, la poitrine lourde, les os saillant sous l'étoffe élimée, s'affalaient sur un banc pour allaiter un petit enfant malingre qui appuyait sa main trop blanche sur un sein pauvre, bleui par de petites veines entre-croisées.

La Belgique opiniâtre se défendait avec vaillance, mais déjà un poids trop lourd pesait sur nos épaules.

Des régiments s'étaient battus dans les environs d'Anvers ; quelques compagnies s'étaient désagrégées. Comment organiser une armée en présence de l'ennemi, dans un pays envahi? Comment arrêter l'avance des Allemands qui nous étreignaient et préparent leur assaut ?

Des fuyards, des blessés, de pauvres êtres démoralisés, perdus, abandonnés des camarades, harcelés par l'ennemi, effleurés par les balles, échouaient finalement à Anvers.

Durant d'interminables heures, dès le matin, une foule anxieuse, hétéroclite, macabre, tendue par la curiosité, soulevée par l'espoir, s'entassait en demi-cercle devant la sortie étroite de la gare, sous le viaduc en pierres de taille; les têtes tendues, les corps serrés bordaient l'avenue de Keyser d'un long mur gris, qui s'appuyait sur les agents de police comme sur des arcs-boutants.

Puis, à l'arrivée d'un convoi de blessés ou d'un groupe de traînards, la masse compacte d'êtres humains avançait comme une marée. En vain, protestaient et criaient les gardiens municipaux; le public, poussé en avant par l'espoir, n'obéissait plus.

Dans l'étroit chemin bordé d'hommes, de femmes et d'enfants mêlés, défilaient alors nos défenseurs vaincus, ces épaves de guerre qui rappelaient des saltimbanques miséreux, dévorés par la fièvre du vagabondage, de la haine et de la tuerie primitive. Ils titubaient sur des jambes molles; quelques-uns marchaient tête nue, le crâne rasé. Leur uniforme hétéroclite était lavé par la pluie et sur le bas du pantalon, la poussière mouillée se coagulait en une sorte de pâte brune, fendillée, faite de boue sèche. Le drap détendu des tuniques ne s'adaptait plus au corps; les faux plis, les dos trop étroits et les pans trop évasés accablaient ces combattants isolés de difformités burlesques. Les rares soldats qui revenaient avec leur fusil étaient accablés par le poids de leur arme. En passant devant la foule muette, quelques hommes se redressaient et esquissaient un sourire qui plissait leur peau sur les os saillants, et, dans la face ravagée, au milieu du poil hirsute, des yeux durs brûlaient comme des braises.

La foule dévisageait, anxieuse, et chacun était tourmenté par sa propre douleur et fouetté par l'espoir égoïste de retrouver un être aimé. On n'applaudissait pas; pourtant, dans ce triste cortège, passait la gloire simple, tragique, vraie, et personne ne se préoccupait d'elle.

Pourquoi mes concitoyens se cloîtraient-ils ainsi dans leur mutisme? Pourquoi, en présence de tant de bravoure, ne poussaient-ils pas un cri d'admiration ou de détresse? Pourquoi?

La foule qui communiait dans un même sentiment, se taisait parce que la souffrance accumulée ici était inexprimable et le silence seul pouvait contenir l'angoisse, l'horreur, la crainte, la haine, le goût du martyre, l'humiliation et la fierté mâle d'un peuple vigoureux.

CHAPITRE V

LE SANCTUAIRE DE DOULEUR ET D'ÉNERGIE

Comment, dans cette douleur, parmi ces soubresauts d'agonie, se précisait le rôle des hommes qui ne combattaient pas et des femmes aptes au dévouement ? Notre devoir s'imposait, multiple, net et péremptoire : endiguer ce flot débordant de souffrances, calmer la misère par la charité, apaiser le désespoir par l'ordre et par la bonté, sauver les vies humaines par les soins et par la science. L'ennemi ne nous effrayait plus et sa proximité même, loin de nous abattre, avivait notre activité. Des œuvres diverses s'ébauchaient : On aménageait des ambulances ; des hôtels et des écoles étaient évacués et, à la façade de mainte habitation privée, flottait le drapeau de la Convention de Genève. Au Comité central de la Croix Rouge, des milliers de personnes, de tous les mondes, de toutes les classes, toutes mordues par le désir de se dévouer, affluaient, se pressaient, attendaient, offrant leurs services avec humilité. Jamais je n'eusse supposé que le principe du mal qu'est la guerre réveillerait et stimulerait tant de qualités insoupçonnées.

Un homme du monde qui s'efforçait d'imiter la suffisance, la brusquerie et la morgue des fonctionnaires bureaucrates me reçut, calé derrière un bureau encombré, dans une vaste chambre rébarbative et nue. Ce monsieur, charmant malgré lui, me désigna comme brancardier à l'ambulance du Jardin Zoologique. Sans perdre de temps je courus joindre mon poste.

Dans la haute salle des fêtes, qui devait être le réceptacle de tant de misères, j'avais flirté et dansé jadis, à quelques bals somptueux et froids, réglés selon le goût des nababs du commerce et de la finance ; à des concerts hebdomadaires, je m'étais maintes fois diverti des gestes épileptiques et inspirés de l'excellent chef d'orchestre à barbe blanche. Un jour même, sous la coupole vitrée, la parole sonore, rythmique du plus élégant de nos hommes politiques, nous avait convaincus, instruits et enthousiasmés.

Maintenant des femmes de ménage, le corps lourd ployé sur des jambes épaisses, lavaient le parquet à grande eau. Une odeur amère et forte de créoline imprégnait les narines ; des dames gainées dans d'uniformes tabliers bleus ou gris, entassaient des serviettes sur des tables, comptaient des thermomètres, rangeaient des verres et des baquets. Elles travaillaient toutes, sans appréhension du ridicule, sans timidité mesquine, sans souci des barrières sociales abolies. Des médecins donnaient des ordres et circulaient entre les groupes affairés ; le chirurgien, petit homme nerveux, autoritaire et bref, commandait à une escouade d'ouvriers qui vissaient des tuyaux de cuivre au ventre arrondi d'un autoclave ; des peintres, perchés sur une échelle haute, badigeonnaient en chantonnant. Des sonnettes électriques, à l'essai, carillonnaient sans discontinuer. Encadrée d'une pile de matelas et de petites tables de nuit en bois blanc, la présidente de l'ambulance causait avec le médecin principal. Des jeunes filles couraient, se croisaient dans les couloirs, se rencontraient, renversaient des piles de linge qu'elles ramassaient avec fébrilité, en froissant les plis repassés. Déjà quelques lits, formés de trépieds de bois et de matelas de varech, étaient alignés. A l'écart, dans la galerie la plus sombre, à l'abri des courants d'air, loin du passage, se dressaient les lits de fer destinés aux grands blessés. Dans ce sanctuaire où devait se concentrer et s'exacerber tant de douleur, nous marchions d'instinct sur la pointe des pieds et nous baissions la voix.

Tout ce monde : les médecins, les chirurgiens,

les infirmières, les ouvriers, les femmes de ménage se hâtaient, se démenaient, comme si les blessés eussent été attendus le soir même.

Longtemps pourtant les lits restèrent vides et les brancardiers furent inoccupés. Durant plus de huit jours, nous vîmes passer devant notre ambulance les lourdes voitures de la Croix Rouge qui ne s'arrêtaient pas à notre porte. Sous les bâches brunes, des corps humains, secoués, déchirés, souffraient et, quand un coup de vent soulevait un pan des rideaux mal attachés, on distinguait la main d'un infirmier, la capote souillée d'un blessé, ou la pointe d'un des brancards où reposait une victime.

Un dimanche après-midi, les premiers soldats furent évacués sur notre ambulance du Jardin Zoologique. Depuis quelques jours, les convois lugubres s'étaient multipliés ; la plupart des hôpitaux regorgeaient. La nuit, on était réveillé, comme dans un cauchemar, par le roulement métallique des tramways qui transportaient des hommes atteints, serrés sur les banquettes.

Ce dimanche là, je me rendis très tard à mon poste d'attente. Une belle journée se développait, harmonieuse et chaude ; je venais de déjeuner avec des amis spirituels et des jeunes femmes jolies et confiantes. Sur la plate-forme du tramway, j'achevai distraitement mon cigare ; j'admirai en passant quelques jeunes filles, semblables, dans leur robe blanche, à de mouvantes taches de lumière. Le petit ruban belge, voyant et vif, piqué à la boutonnière des hommes, se tordait et se dressait, agressif et pinpant. Les bourgeois aux ventres lestés et aux larges figures humectées de sueurs encombraient les terrasses des cafés.

Léger, insouciant, malgré l'heure grave, je quittai cette foule soumise, à son insu, à l'irrésistible joie d'un beau dimanche. Je m'enfonçai dans la salle grise où reposaient nos premiers blessés. Si l'antithèse est le sommet de l'art, personne n'a éprouvé jamais une sensation artistique plus spontanée et plus vive que la mienne.

Le binocle ajusté sur un nez énergique et mince, le regard perçant, un chirurgien examinait une blessure informe, sanguinolente, où des esquilles d'os perçaient, en flèche, les bourrelets de chairs tuméfiées. Dans un bassin d'émail, des bandages défaits s'entassaient en spirales irrégulières, superposées. A distance égale, des taches de sang, de plus en plus larges, maculaient la toile défaite ; dans un immonde mélange d'iode et de sang, nageaient des tampons d'ouate souillés. La nurse, jeune et élancée, jolie et si fraîche dans sa robe blanche aux manchettes et au col empesés, soutenait la tête brûlante du blessé. La plaie immense, béante, lavée, noire d'iode, s'étalait monstrueuse et profonde, au milieu de l'avant-bras. La blessure avait rongé les chairs environnantes et les os seuls semblaient avoir résisté à cette succion bizarre et très grave. Déjà, sur le bandage blanc rattaché, une tache de sang minuscule perçait et grandissait et je m'imaginais cette blessure comme une « bête » vivante, une pieuvre immonde, blottie dans la chair d'un être condamné.

Ce soldat étendu là, immobile, le corps serré par les draps rugueux, est un homme doué d'une personnalité unique, animé de pensées propres, grisé peut-être par un grand amour ; mais nous ignorerons l'agitation de son cerveau et les vibrations de son cœur et, pour nous, comme pour le médecin, la « bête » seule existera, nous passionnera et nous torturera peut-être.

Dans d'autres lits, des soldats exténués dormaient et, sous les couvertures grises, les corps recroquevillés s'arrondissaient en des monticules étranges, aux formes variées. En s'étirant et se retournant, les malades émettaient des grognements inarticulés. L'un d'eux chantonnait ; un autre invectivait sans discontinuer les Allemands et il nous enseignait des jurons vifs et significatifs ; un des nouveaux venus me demanda un journal que je lui tendis en frôlant sa main moite ; il parcourut rapidement le communiqué laconique, et, baissant ses paupières lourdes, il marmotta : « J'aime mieux ne pas y songer. » Puis, il se tourna sur sa couche, serra les poings, blottit sa tête bandée dans le creux de l'oreiller. De nombreux blessés restaient immobiles, les yeux ouverts et l'esprit absent. A leur chevet s'entassaient leurs effets que des brancardiers étiquetaient et rangeaient : des capotes durcies par la boue, des chaussures où s'étaient coagulés de la terre mouillée, de l'eau et du sang. Les képis avaient la nuance indécise d'une étoffe sans couleur, lavée et déteinte, et la chemise, humide et défraîchie, s'étalait au sommet de ce monceau de vêtements chiffonnés, écœurante et lamentable.

Je circulais entre les interminables rangées ; les brancardiers redressaient un homme mal couché, ou relevaient une couverture défaite ; la plupart de ces blessés éreintés nous remerciaient par un grognement indistinct et bref.

Vers le soir, tous les malades se réveillèrent et s'agitèrent ; les souffrances des plus atteints s'accentuaient ; les mieux portants réclamaient leur repas à grands cris. A la cuisine, comme seule provision, quelques sacs de pommes de terre s'entassaient ; pas de viande, pas de pain, pas d'autres légumes, rien ! Que faire ? L'intendance des hôpitaux nous avait oubliés. Comment conjurer ce cataclysme ? Le dimanche soir, dans la ville agitée, les charcutiers, les boulangers chôment. Non, pas tous pourtant... ! Le dimanche des chrétiens n'est pas le dimanche des juifs. Les boutiques israélites ne ferment pas.

On me chargea d'aller quérir des provisions ; accompagné d'une infirmière obligeante, je quittai l'ambulance et je fus précipité, de nouveau, dans le remous du public grouillant. Le contraste entre le silence triste et lourd de notre ambulance et le bruit et les rires de la foule endimanchée me peina et me froissa comme une inconvenance. Nous coudoyâmes de grosses femmes qui se promenaient pesamment, lentement, accrochées au bras de leur mari. Quelques jeunes gens nous bousculèrent en sortant d'un cabaret. Les brasséries regorgeaient de buveurs, entassés jusqu'au fond des salles sombres.

En longeant le viaduc de la gare, nous aboutîmes aux maisons basses, sales et tristes du quartier juif, en partie vidé par la guerre.

Bientôt nous fûmes aveuglés par les dorures d'un étalage où s'entassait de la charcuterie que nous eût enviée l'Allemagne ; des saucissons enfilés en guirlandes compliquées, enveloppés de papier de plomb scintillant ; des jambons ornés de collerettes festonnées en papier rose, blanc ou jaune. Des boîtes de conserves s'élevaient en un monument aux proportions hardies et à l'équilibre instable.

A ce magasin de « délicatessen », nous préférâmes l'échoppe obscure d'un modeste boucher juif. Derrière un comptoir de zinc terni, une grosse femme, aux seins lourds, au nez proéminent, trônait, majestueuse. L'importance de notre commande déconcerta la marchande qui nous dévisagea, incrédule, pendant quelques secondes. Son regard se perdait dans le vague, comme ses formes gonflées se noyaient dans la graisse molle et flasque, sous des vêtements mal ajustés. Les mains s'étalaient larges, et des bagues massives brillaient ; les doigts courts s'aplatissaient sous des ongles carrés aux bords douteux. Je crus utile d'instruire la bouchère des causes de notre achat tardif et insolite.

— « Ah ! fit-elle, sans s'émouvoir, il y a vingt blessés au Jardin Zoologique. »

Elle abaissa un instant, songeuse, ses paupières jaunes sur ses yeux ternes :

— « Huit livres ne suffiront pas, Monsieur, dit-elle, il vous en faut dix au moins. »

Et, sans attendre notre réponse, elle ouvrit une porte marquée d'empreintes de doigts gras et elle disparut dans une trappe.

Elle revint bientôt, tenant dans chaque main

un morceau de viande : dans la gauche, du bœuf sanguinolent ; dans la droite, du veau rose, à la chair ferme. Elle jeta la viande crue sur le comptoir imprégné de taches où des gouttelettes rouges s'étalèrent. Comme si elle eut accompli un rite sacré et grave, elle pesa sa marchandise. Sur son nez bosselé, elle fixa un lorgnon qu'elle approcha du cadran de la balance. Elle louchait d'émotion. Ayant constaté que le poids dépassait quelque peu notre commande, elle découpa successivement deux minces langues de viande, en suivant l'aiguille de la balance d'un œil inquiet et clignotant. Le bœuf fut soumis à la même opération consciencieuse, puis la massive bouchère enveloppa les deux morceaux dans une feuille de papier qu'elle couvrit d'un journal ; les lettres imprimées se diluèrent peu à peu dans les taches de jus et de graisse.

Depuis l'arrivée de nos blessés à l'ambulance, qu'y avait-il de changé dans cette grande guerre ? Rien. Comme précédemment, les hommes ne cessaient de s'entre-tuer et de se haïr. Mais les impressions s'exacerbaient et nous bouleversaient plus intensément que jadis. Par leurs récits, leurs plaies, leurs souffrances, nos blessés nous entraînaient avec eux dans la lutte sauvage.

Jusqu'ici, les couches profondes et secrètes de notre sensibilité n'avaient pas encore été atteintes. Pourtant l'enthousiasme, la haine, la pitié, l'espoir nous exaltaient ou nous dominaient sans discontinuer. La déclaration de guerre nous avait désorbités comme une impossibilité réalisée ; le mépris de l'adversaire avait germé et grandi en nous ; nous avions subi les angoisses brèves de la panique pendant notre fuite de la campagne où nous avions abandonné des êtres malheureux et des paysages connus. Des attitudes simples et rares nous avaient dévoilé la grandeur des âmes modestes, sereines malgré les rafales accumulées et l'absurdité de la vie. L'occupation de notre territoire était une plaie saignante au cœur.

Pourtant les sensations et les idées de jadis, productives et fortes, étaient submergées maintenant par notre commisération et notre pitié pour nos blessés qui exigeaient des soins, réclamaient de l'abnégation et une parcelle d'amour.

De nouveau Malines avait été occupée par l'ennemi et Anvers, entouré d'assaillants, se dressait au centre même de la guerre ; chaque minute avait la gravité et toute la beauté des minutes intenses. Des convois de prisonniers passaient. Des torpédos, grises de poussière, croisaient des autos-mitrailleuses semblables à des caissons superposés et bizarres ; des voitures usées, délabrées, mordues par les balles, revenaient des champs de bataille tout proches. Dans les vitres ternies s'encadrait la figure pâle d'un blessé, chargé comme un paquet lamentable avec son fusil et son sac déchiré. Des camions de ravitaillement circulaient en files interminables; la foule s'écrasait devant les listes de blessés, affichées aux portes des ambulances ; des régiments décimés par le combat défilaient entre deux murs de femmes et d'enfants. Au centre, devant la gare, près de l'Etat-Major, dans les cafés les oisifs s'entassaient. De longs chariots montés sur deux roues grêles, traînés en remorque, transportaient des fuselages d'aéroplane.

Aujourd'hui encore, toutes ces images se mêlent dans mon esprit en une sorte de tableau aux couleurs vives ; les tons se heurtent, les épisodes se superposent sans art, mais ce chaos d'idées, de figures, d'impressions se résume par un seul mot : « la guerre. » Et, en nous-mêmes, se développait un état d'esprit merveilleux, fait d'un aggloméré bizarre de certitude confiante, de fatalisme, d'optimisme obligatoire, d'activité raisonnée, de routine naissante et d'incompréhension.

Dans notre vaste ambulance, les journées

s'écoulaient, rapides et toutes identiques. Le matin, nous donnions d'abord des bains aux éclopés, amateurs fidèles de la propreté rigoureuse. Nos clients ne variaient guère. Pendant trois semaines notre baigneur le plus assidu fut un beau et grand sous-lieutenant de lanciers, jovial, bon garçon, choyé par les infirmières et traité même en enfant gâté par le médecin, auquel il extorquait des permissions exceptionnelles. Cet épicurien guerrier appréciait les femmes, les boissons fortes, l'esprit gaulois autant que les délices de la savonnée et de l'eau tiède. Chaque matin, il brossait ses vêtements avec soin, les pliait et examinait à la jambe une plaie qui ne se fermait pas ; il jurait et il pestait contre sa maudite blessure qui, malgré lui, le retenait loin des combats. Un soldat obèse, le visage poupin, le pied bandé jusqu'au-dessus de la cheville, arrivait en sautillant sur une jambe du fond lointain de la salle. Il était interdit de l'aider et il nous défendait de le plaindre. Le savon moussait sur ses reins, il nous aspergeait d'eau et il s'amusait de bon cœur comme un grand enfant ; mais, quand son pied malade heurtait le fond de la baignoire, il crispait de douleur sa figure joviale ; deux rides verticales, involontaires et fugitives se creusaient sur son front lisse, ses lèvres épaisses se tordaient et il poussait un cri bref de petit oiseau qui se terminait par un éclat de rire, afin de dissimuler la souffrance. Un paysan hâlé et râblé était exact au rendez-vous tous les matins ; il trempait l'extrémité des pieds et des mains dans l'eau, puis il s'en allait, pesant, lassé, sans prononcer une parole. Un jeune carabinier bavardait sans discontinuer et il tordait sa figure en une grimace comique quand, en guise de douche, nous lui versions un broc d'eau sur la tête ; ses yeux larmoyaient et ses longues mèches noires tombaient sur ses oreilles et s'effilaient jusqu'à son nez camard. L'aumônier venait se rafraîchir au saut du lit. Sa soutane mal boutonnée lui servait de robe de chambre. Pour ne pas offenser la pudeur du prêtre, nous développions autour de sa baignoire un grand paravent de toile cirée dont nous couvrions les jointures par des draps de bain.

Tandis que les brancardiers vaquaient à ces occupations prosaïques et indispensables, les médecins examinaient les malades, les infirmières rebordaient leur lit, les dames chargées de la cuisine distribuaient le déjeuner, les femmes de ménage lavaient le plancher à grande eau, et cette ambulance ressemblait à une immense ruche active, où la gaîté triomphait souvent de l'abattement et de la douleur.

Vers neuf heures, nous hissions sur les brancards et amenions les blessés à la salle d'opération. Combien en ai-je porté de ces pauvres diables qui dissimulaient leurs plaintes en riant bien fort, en se moquant de leurs camarades ; beaucoup allumaient une cigarette pour se donner une contenance. Pendant le trajet, leurs yeux cernés se fermaient ; à chaque secousse de la civière, ils étouffaient un gémissement bref ; les plus atteints même s'excusaient de leur poids et ils avaient honte de se faire porter.

Dans la salle d'opération exiguë, blanchie au ripolin, nous soulevions les patients sur l'étroite table dont la plaque mince, couverte d'un drap blanc, reposait sur des pieds de métal ; la nurse déroulait les bandes et le médecin se penchait sur la plaie ouverte. Une vague odeur de chloroforme, d'acide phénique, de lysol et d'iode s'épandait dans la pièce étroite. Nous quittions notre blessé et, à travers la porte vitrée, ternie par une couche de peinture grise, perçait un cri aigu de douleur, un gémissement maîtrisé ou la divagation mystérieuse de l'homme endormi sous le masque de chloroforme.

Quand retentissait l'appel : « Brancardiers! » nous retournions chercher notre client. Sur la table d'opération s'allongeait un être pâle, les traits défaits, la peau mate, les yeux fermés, la tête agitée parfois par un frisson insolite ; le médecin tâtait le pouls du patient. Nous ramenions à son lit l'homme exténué. La nurse nous accompagnait et soutenait l'opéré qui ressemblait à un moribond. Quand il passait devant les lits occupés, ses camarades le dévisageaient et hochaient la tête.

Tous les jours, nous assistions à cette macabre contrefaçon de la mort : mais le malade se réveillera bientôt, secoué par des spasmes, la raison égarée et l'estomac délabré, les chairs brûlées par le tranchant du bistouri et, après l'anéantissement, la souffrance recommencera.

En une même semaine, nous portâmes trois fois le même soldat à la salle d'opération blanche ; trois fois il fut endormi, le chirurgien fouilla trois fois la chair douloureuse. C'était un petit sergent, un corps grêle surmonté d'une tête blonde d'enfant. Ses yeux aigus et rieurs nous dévisageaient ; un duvet à peine perceptible ombrait la lèvre exsangue. Ses muscles semblaient fondues par la fatigue, les privations et la fièvre, sa peau se moulait sur ses os minces. Il évoquait sans cesse cette effroyable retraite de Namur où il fut atteint. Nous l'avions surnommé « Mon général » ; chacun, en arrivant à l'ambulance, s'informait de sa santé. « Mon général » avait-il bien dormi ? « Mon général » avait-il déjeuné de bon appétit ? Dès la première heure, les infirmières lavaient et pomponnaient « Mon général ». A midi, dix dames empressées lui servaient un potage fumant. Les lendemains d'opération, quand « Mon général » était mis à la diète, un cortège s'organisait et un essaim de jolies femmes encadrait la prêtresse qui lui portait le bol de lait et l'œuf à la coque.

Etendus ou assis, les blessés les moins atteints attendaient leur tour dans une sorte d'antichambre attenante à la salle d'opération. Un aide-médecin ouvrait la porte et disait : « Au suivant de ces messieurs ! » en imitant le geste obséquieux et fade des coiffeurs. Et chacun s'amusait de cette facétie innocente et toujours pareille. Un pauvre diable, obèse et lourd, perforé de part en part par une balle, s'esclaffait. Boute-en-train merveilleux, il encourageait et soutenait les camarades moins abimés que lui.

— «Moi, disait-il, ça m'amuse de me faire bander et même le nettoyage de la plaie ne m'embête pas. J'admire la nurse, est-elle jolie, mes enfants ! Elle me sourit et j'oublie le médecin qui me torture. »

A midi précis, nous servions à dîner au réfectoire, où les éclopés et les convalescents, très nombreux, s'asseyaient à de longues tables ; les assiettes, les verres et les bouteilles de bière étaient alignés selon les règles d'une discipline toute militaire. Les brancardiers passaient les plats aux jeunes filles qui distribuaient les portions. Ah! l'amusante et divertissante scène! Nous oubliions presque les grands blessés qui restaient alités dans l'immense salle maintenant silencieuse et presque déserte. Dès que les plats émergeaient du bord de la lucarne de la cuisine, des dizaines de voix impatientes nous interpellaient. Des hommes pressés et voraces appelaient familièrement les jeunes filles ; des soldats déchargeaient les plateaux et aidaient les serveuses juvéniles. Puis le tintement des cuillers, au fond des assiettes, se mêlait au bruit de la mastication.

Parfois le repas était interrompu par l'arrivée de l'officier inspecteur qui, sur la proposition des médecins, désignait les sortants. Les hommes appelés se levaient de table, joignaient les talons devant leur supérieur et répondaient à ses questions bienveillantes et précises. Dès le lendemain, ils devaient aller rejoindre leur dépôt puis risquer leur vie à la guerre. Cependant, à leur place, à table, ils mangeaient de grand appétit, sans appréhension; seulement ils plaisantaient un peu plus bruyamment que tout à l'heure.

L'après-midi, réunis sur la terrasse qui surplombe le jardin zoologique, les impotents s'allongeaient sur des brancards disposés au soleil ou à l'ombre, selon la température. Des convalescents bavardaient entre eux ou s'entretenaient avec les infirmières ou les médecins. Autour de la civière de « Mon Général », des blouses blanches évoluaient ; un rire aigu fusait et dominait le murmure des conversations monotones. Autour des petites tables où, jadis, se groupaient, à l'heure du thé, toutes les belles dames anversoises, des soldats jouaient aux cartes. Ils mouillaient un doigt de salive et ils écornaient les cartons. Un jeune universitaire, la figure émaciée, les traits durs et nets, un bandeau blanc couvrant l'œil droit, lisait sans discontinuer. Il s'interrompait seulement quand l'aumônier s'accoudait à son guéridon et seuls, à l'écart, les deux hommes interprétaient les pensées de Marc-Aurèle et de saint Thomas d'Aquin.

De ces groupes pittoresques, gais malgré la douleur et l'inquiétude latente, s'élevait tout à coup un chant bizarre qui rappelait à la fois le sifflement d'une flûte, le nasillement d'un hautbois et les vibrations sonores d'un violon. Un clown de cirque, adroit et joyeux, distrayait ses amis par sa musique fantaisiste ; tantôt, il phrasait des romances sentimentales, puis il rythmait des danses de music-hall. Et ces notes planaient sur toute l'assistance, elles l'imprégnaient en quelque sorte de leur mélodie et exprimaient la joie amollie par une vague appréhension.

Pour nous amuser, le clown lançait son bonnet de police en l'air en déformant sa figure par une indicible grimace de pitre triste, et il rattrapait sa coiffure sur le bout de son nez en trompette. Ou bien, il imitait le pas cadencé du cheval de cirque ; il désarticulait ses bras qui s'écartaient de son corps minuscule et il parodiait la danseuse qui saute à travers un cerceau de papier. Les blessés entouraient l'acrobate et les malades ankylosés, immobilisés sur les civières, tordaient le cou et levaient la tête. Alors le pitre se haussait sur un escabeau et, d'une voix stridente, grave et entraînante comme les cuivres et les tambours d'une fanfare militaire, il entonnait la mélodie virile, allègre et vivante, à la mode à Anvers : « Demain, nous irons à Berlin, pin, pin... »

Vers le soir, nous ramenions, à nouveau, quelques blessés à la salle d'opération ; d'autres étaient hissés dans leur lit ; la plupart marchaient seuls en sautillant ou bien ils se soutenaient l'un l'autre. Après un repas frugal et rapide, les lumières s'éteignaient, les infirmières s'en allaient et deux brancardiers de garde veillaient sur l'ambulance assoupie.

Jamais, je n'oublierai les impressions contradictoires et bizarres qui m'assaillirent la première nuit que je passai dans cette salle haute où, dans les lits alignés, deux cents malades reposaient. Dans ce hall élevé, chaque murmure s'enflait et se répercutait comme une parole trop aiguë sous les voûtes d'une cathédrale. Du haut des galeries supérieures, une double rangée d'ampoules bleues baignait l'ambulance dans un brouillard étrange, à peine perceptible et lugubre indéfinissablement. Une frayeur incompréhensible, nerveuse, irraisonnée me paralysait. Les lits paraissaient ensevelis dans un immense linceul bleu, les rangées s'étendaient à perte de vue et se noyaient dans le lointain gris. Les couvertures blanches étaient teintées d'une étrange couleur turquoise ; les ombres s'accentuaient et se creusaient. Les visages des soldats atteints par les rayons directs de la rampe s'immobilisaient, cadavériques et terrifiants. D'instinct, je guettais un soupir, une voix, un grincement rauque, le craquement d'un sommier qui m'assureraient de la vie de ces êtres endormis. Tout à coup, un homme toussotait ; un autre lui répondait par une toux plus longue, plus rauque et qui finissait par un étranglement. Un murmure de voix étouffées et de draps froissés parcourait toute la salle ; des plaintes montaient, se précisaient et s'enflaient avec la souffrance.

Durant cette première nuit de veille, un long silence fut coupé par le râle macabre, rauque et profond d'un agonisant. Un frisson secoua ma torpeur. Mais déjà la bonne sœur se hâtait vers le malade lamentable qui, dans son inconscience, avait jeté le cri de détresse du mourant ; elle se faufilait entre les lits, et la cornette blanche glissait comme des ailes déployées. Elle toucha la main du soldat et le râle qui s'était répété deux fois, plus long et plus désespéré, s'éteignit en un faible et touchant sanglot.

— « Ce n'est rien — me dit la religieuse — un soldat qui, sans doute, rêvait de la mort. »

Et, au fur et à mesure que cette nuit interminable se prolongeait, on eût dit que mille spectres changeants venaient distraire ou épouvanter nos patients. Les locomotives de la gare proche sifflaient et mugissaient ; les animaux captifs du Jardin Zoologique parlaient dans la nuit : à un grognement étrange et sensuel comme un miaulement, répondait un cri guttural qui se terminait par une plainte douce car, à quelques pas de notre ambulance douloureuse, dormaient des lions asservis.

Le corps des malades reposait, mais leur esprit qui avait été ébranlé jusqu'au détraquement, veillait encore. Dans la journée, ils réfrénaient leurs hallucinations ; maintenant, elles seules les dominaient et vivaient encore. Dans la nuit, elles se libéraient de la tutelle de la raison. Deux rêves seulement hantaient nos blessés : les uns, par la pensée, rejoignaient des êtres aimés ; les autres, retournaient sur le champ de bataille et la peur qu'ils croyaient avoir maîtrisée revenait lâchement à l'assaut et prenait une traîtreuse revanche; mais la haine aussi, divinité impérieuse et farouche, ne les abandonnait pas.

Sur les conseils d'une des religieuses, j'allai me reposer dans un des lits vides. Mais le sommeil tarda à m'assoupir. Des idées que je n'avais pas appelées venaient m'inquiéter. Je souffrais des lancinements d'une blessure imaginaire, précise et sanglante, avec le battement fiévreux des artères dans la chair incisée. En vain, m'efforçais-je de détourner mes pensées de ce sujet lugubre ; je tâchai de revivre mon existence de jadis à Paris, avant la guerre, d'aviver mes amitiés, de préciser mes ambitions, de clarifier mes désirs. Malgré moi, je communiais avec nos malades, la douleur et l'angoisse fictive me semblaient plus réelles que la réalité...

En glissant dans les ruelles des lits, la bonne sœur vint me réveiller. Elle souriait d'un sourire triste et qui ridait la peau parcheminée :

— Avez-vous bien dormi ? me dit-elle.

Le sommet du lanterneau vitré se teintait maintenant d'une lueur imprécise. Le matin naissait. Sur la coupole, les personnages peints émergeaient comme les images d'une plaque sensible.

D'abord, les contours les plus opaques se fixèrent; les formes bizarres et incomplètes ne correspondaient encore à aucune réalité. Puis, au fur et à mesure que la lumière montait, les silhouettes s'affinaient, se complétaient et les teintes s'avivaient toutes. Après quelques minutes d'inattention, je regardai de nouveau la voûte. D'autres figures étaient nées : des nymphes drapées se donnaient la main et se tendaient des guirlandes ; des guerriers armés de javelots montaient des chevaux massifs au cou trapu. En bas, dans la salle, un brouillard obscur et ténu enveloppait encore les objets et les êtres. Pendant quelques minutes, la lumière du jour lutta avec la lueur artificielle, puis elle l'enveloppa, la dissipa ; aux lustres du plafond et aux lampes des galeries restèrent accrochés seulement des points bleus presque imperceptibles.

Jamais, me disais-je, la gaîté et la sécurité ne triompheront dans un lieu où s'accumulent tant de souffrances et tant d'idées lugubres. Cependant, un beau jour qui se lève, la plaisanterie spirituelle d'un blessé nous réjouissait. Nous nous efforcions de vaincre notre angoisse ; nous réagissions contre la tristesse d'un lieu démoralisant, mais surtout nous nous accoutumions à la douleur et nous apprenions qu'elle n'est pas incompatible avec la joie. Peut-être cette joie était-elle plus apparente que réelle, plus fugitive que nous ne l'affichions. Notre esprit, comme la lassitude de nos malades, réclamait sans cesse des distractions nouvelles, mais la qualité de notre plaisir nous importait peu et nous nous servions de toutes les armes pour lutter contre le malheur.

Jamais, je n'ai vu s'épanouir une exubérance plus franche et plus communicative qu'à une représentation cinématographique à l'ambulance. Ce jour-là, dès cinq heures, les jeunes filles servirent le dîner; tout le monde se hâtait; les tables furent écartées et nous alignâmes les chaises. Au réfectoire, l'écran qui avait été tendu dès l'après-midi fut poussé au fond de la salle. En croisant leurs mains ou en pliant leurs doigts, quelques facétieux projetèrent le bec mouvant d'un canard et la tête d'une vieille femme coiffée d'un bonnet de nuit. Un instant, les gestes amplifiés de l'aumônier, sa tonsure, son nez pointu et son front bosselé se découpèrent sur la toile. Le prêtre gesticulait, levait les bras, courbait le bout des doigts et, à son insu, il nous divertissait infiniment.

L'attente, les secousses du transport, la fatigue ne rebutèrent personne. Pourtant, qu'offrions-nous à nos défenseurs : quelques scènes sentimentales, comiques et banales ! Deux brancardiers hissaient les impotents sur leur civière ;

l'un partant du pied droit, l'autre du pied gauche, ils s'ébranlaient ensemble. A leur passage devant les lits occupés, des blessés impatients les appelaient ; des malheureux, la tête bandée, immobilisée, la mâchoire fracassée, nous faisaient un signe impérieux de la main et des hommes faibles, les jambes percées de balles ou déchiquetées par les éclats de shrapnells s'asseyaient, appuyaient le pied par terre, puis se recouchaient, découragés, mordus par la souffrance, plus forte que l'attrait du plaisir.

Au réfectoire, nous posâmes sur les tables les civières lourdes de blessés. Au premier rang, devant tout le monde, nous plaçâmes « Mon général » qui nous remercia de cette faveur par un timide sourire de petite fille. A côté, la grande salle vide s'étendait interminable, immense, sans vie. Deux ou trois blessés tristes, démoralisés ou inconscients, geignaient et somnolaient seuls. Mais ici, devant l'écran, la joie s'affirmait bruyante, un peu vulgaire ; chacun criait, riait, chantonnait, comme si le bruit et l'exubérance exagérée eussent dû nous persuader de notre plaisir. Un long Ah! se répercuta sur tous les bancs, quand le globe électrique de la lampe à arc se ternit tout à coup et s'effaça lentement, dans le noir ; un grand rond lumineux se dessina sur la toile lisse.

Etrange et rare vision plongée dans la

pénombre ! Une ligne claire d'infirmières en blouses blanches encadrait les hommes étendus, assis, accroupis ; le rouge de quelques vestons d'intérieur accrochait le regard, dans la bigarrure des uniformes usés et des vareuses défraîchies ; des têtes immobiles se levaient en une double crête, longue ligne de blessés étendus sur les tables.

Des scènes connues se succèdent sur l'écran : de hautes vagues qui battent les rochers d'une mer lumineuse, bordée de falaises droites ; une belle-mère qui moleste son gendre et se venge avec esprit ; un acteur qui se démène et coiffe une duègne massive d'un seau rempli de colle de pâte ; un jeune américain qui poursuit un train en ballon. Nos éclats de rire emplissaient la salle. La sensibilité artificielle chassait la douleur vraie et la gaîté passagère imposait une trêve au souci constant.

Mais bientôt, l'opérateur s'interrompt : plus de scènes bouffonnes ou sentimentales, fantastiques ou vraies, plus d'impressions factices : dans l'obscurité de la salle chacun reste seul à seul avec lui-même. Des conversations timides et basses s'ébauchent ; une jeune infirmière fait triller un rire, une chaise grince, un blessé se lamente, la voix cristalline de « Mon général » perce, mais, invinciblement, dans le silence, l'attente et l'obscurité, le malheur aux aguets nous asservit ; peu à peu la tristesse dérivée prend sa revanche.

Alors, toutes ces impressions, ces vibrations confuses s'accumulèrent et se précisèrent dans la tête pointue et difforme de notre clown ; elles furent exprimées, transmises irrésistiblement par la bouche tordue et grimaçante du pitre. Dans le silence lourd, dominant nos bavardages et nos réflexions personnelles, la voix grave du chanteur s'enfla, vibrante, prenante comme un génial poème. Il ne s'amusait plus à nous étonner. Il n'imitait ni le hautbois, ni le violoncelle, ni le timbre nasillard du ventriloque. Lentement, il égraina l'*Ave Maria* de Gounod qui éternise la douleur et l'appréhension d'une âme. Les blessés s'allongeàient sur leurs civières ; personne ne parlait ; des jeunes femmes se tamponnaient les yeux de leur mouchoir ; je sentis dans ma bouche l'âcre goût de deux larmes. Chacun était soumis à sa propre émotion et nous croyions tous nous connaître nous-mêmes. A la dernière note qui s'éteignit en une modulation vague, nous n'applaudîmes pas : nous venions de célébrer spontanément le culte solennel de la douleur sacrée.

Mais ce silence se brise, le charme religieux se rompt. Un gosier rauque éjacule des notes grêles, accouplées à un rythme commun. Parmi nous végète donc un homme qui n'a pas été subjugué par l'émotion et qui n'a pas saisi la signification rare du chant précédent ! Deux ou trois « chuts » brefs interrompent en vain. Le blasphémateur célèbre les amours larmoyantes et brutales d'un souteneur et d'une gonzesse. Des jeunes filles écoutent cette chansonnette grivoise ; le malaise s'accentue et se propage, mais le pauvre chanteur poursuit sans comprendre, insensible et buté...

Sur l'écran, d'autres scènes succèdent aux images précédentes ; mais les impressions s'imposent moins vives et moins spontanées. Tous les blessés, les convalescents, les éclopés même sont torturés par leurs plaies et incommodés par leurs maladies ; leur force de résistance décroît, les sourcils se froncent et les traits se tirent. Les malades aspirent à dormir ; les blessés réclament du repos ; les infirmières ont hâte de regagner leur logis avant l'extinction des lumières dans la ville prudente.

Nous portons les impotents à leur lit ; les nurses renouvellent les bandages ; sur les traversins durs, les têtes s'affalent ; les gardes-malades s'en vont et les religieuses veillent sur la salle submergée, comme de coutume, par les ombres bleues de l'éclairage nocturne.

CHAPITRE VI

DANS LA NUIT ET DANS LA LUMIÈRE

Le soir de la représentation, nous rentrâmes plus tard que de coutume dans la vaste maison rébarbative, aux meubles enveloppés et aux statues recouvertes. A huit heures précises, nous passâmes devant le clocher neuf de l'église des Jésuites quand, dans les grands globes électriques suspendus à des fils imperceptibles, la lumière vacilla quelques secondes ; les charbons incandescents se ternirent et les boulevards spacieux bordés par les façades hautes des maisons furent enveloppés dans le lointain. Devant la Banque Nationale, les lumières baissées des candélabres scintillaient encore, comme des étoiles familières et proches.

Les attardés qui nous précédaient s'évanouirent dans le noir, comme si une trappe les eût engloutis. Nous devinions leur présence nombreuse au martellement de leurs pas sur le trottoir et à la lueur précise de quelques cigares. Sous le porche de l'église des Jésuites, je reconnus cependant une petite femme bossue qui mendie depuis sa jeunesse et un bonhomme courbé, abruti, dont les yeux fous clignotent dans une figure ratatinée. Le service religieux venait de finir ; une foule sombre, lente, concentrée, s'écoulait : des bigotes âgées, coiffées de petits chapeaux démodés et défraîchis, des douairières grisonnantes et des jeunes filles sans grâce, sans coquetterie et sans gaîté, et quelques hommes aussi, tous pareils, serrés dans des vestons sombres.

Devant la porte ouverte de la chapelle, une bouffée chaude d'encens nous grisa un instant et alla se mêler à la poussière de l'asphalte et à la pestilence des automobiles.

Jusqu'à la nuit agitée du bombardement des zeppelins, Anvers s'animait, vibrait, vivait le soir. Après le travail, tous nos concitoyens se promenaient et venaient se réconforter dans la rue. Ils échangeaient des impressions ; ils commentaient les événements graves qui ne les abattaient plus. Mais, par leur bombes, les Allemands nous obligèrent à dissimuler notre confiance qui s'épanouissait. Nous nous plongeâmes dans le noir, mais notre optimisme définitif et stable ne fut pas entamé. Depuis le 29 août, dès que huit heures sonnaient aux églises et que les cloches des tours hautes mêlaient les notes de leurs carillons, les lumières disparaissaient : les globes incandescents des lampes à arc, les flammes jaunes des becs de gaz, les guirlandes lumineuses des vitrines s'éteignaient à la même minute ; seules, de loin en loin, quelques flammes vagues veillaient encore et parfois, à une fenêtre, entre les rideaux mal joints, filtrait un rais blanc. Jusqu'à neuf heures, quelques noctambules circulaient encore, mais ensuite le trottoir était heurté seulement par le pas pesant des gardes civiques et des agents de police qui accomplissaient leur ronde.

Parfois, vers huit heures et demie, nous sortions pour passer la soirée chez des amis. Dans la rue déserte, nous avions l'impression de nous enfoncer dans une incommensurable solitude et la ville morne nous semblait déjà un peu la proie de l'ennemi envahisseur. C'est lui qui, par ses bombes, nous avait conseillé de baisser les lumières et de nous terrer dans le noir, comme lui-même se retranche et se cache dans ses tranchées. Et nous obéissions malgré nous, le cœur malade, l'âme chavirée. L'angoisse de la nuit, la phobie de l'obscurité à laquelle les êtres les mieux trempés succombent, étaient exaspérées par une sorte d'humiliation confuse et péremptoire. Mais dans les rues sombres, un lien d'amitié et de confiance nous attachait aux passants rares ; une joie fugace et sûre nous réconfortait dès que, dans le lointain opaque, scintillait le bout incandescent et jaune d'un cigare et qu'une ombre amie émergeait, s'approchait, nous frôlait, nous dévisageait et tâchait de nous reconnaître.

Avant de survoler la côte anglaise et de réjouir Paris, les zeppelins survolèrent et bombardèrent Anvers. Un des engins éclata à deux cents mètres à peine de notre habitation. Des carreaux volèrent en éclats et tintèrent ; une porte ouverte par le courant d'air battit en contrefaisant le choc de l'explosion. Une odeur de poudre nous incommoda et le bourdonnement ample et volumineux d'un moteur lointain nous remplit, pendant quelques instants, les oreilles d'un chant impérieux et monotone. Qu'était-ce ? Un attentat ? Une attaque précipitée et victorieuse de nos assiégeants ? De la rue montait maintenant un tumulte de voix où les cris aigres des femmes dominaient. L'odeur de la cendre et du bois qui brûle s'accentuait et nous imprégnait. Au loin, une canonnade se précipitait et, à intervalles irréguliers, une détonation plus proche nous ébranlait et se prolongeait en un bruit sourd d'écroulement...

Le lendemain, avant de me rendre à mon ambulance, j'allai visiter les lieux atteints et les maisons démolies. Rue de la Justice, des débris de verre épais étincelaient, un réverbère avait été fauché au ras du sol et la section lisse du bronze était une large bague brillante. Devant la maison la plus abîmée, le trottoir s'était défoncé; les dalles chevauchaient et un trou s'enfonçait, noir et béant ; les bords déchiquetés s'effondraient encore. Sur le mur gris d'une façade plate, mordu par la mitraille, les innombrables écorchures, où la brique rouge perçait sous le plâtre effrité, rappelaient des blessures humaines. L'appui d'une fenêtre avait été brisé par le projectile; des festons pointus et des creux mous s'enchassaient et s'harmonisaient comme si la pierre bleue eût été limée par le temps inlassable. A l'angle d'une rue, un commencement d'incendie avait léché et noirci une muraille ; une cheminée écroulée laissait sur un mur blanc la trace ancienne, nette et grasse de la fumée et de la suie accumulée. Ailleurs, rue des Douze-Mois, la façade d'une vieille maison à pignon s'était écroulée tout entière, comme détachée par une main puissante et mystérieuse et, au-dessus des décombres, les chambres ouvertes s'étageaient et nous initiaient à leur intimité pittoresque. Près d'un hôpital, au jardin botanique, au pied d'un érable noir, une excavation avait été forée par une bombe et un parapet de terre soulevée limitait le sillon.

Des lettrés qui ont admiré l'atticisme conscient de Gœthe et l'idéalisme poétique de Schiller, ceux qui ont vibré à Bayreuth et qui ont jugé que l'esprit de la Renaissance s'épanouit autant à la Pinacothèque de Munich qu'aux « Offizzi » de Florence, les jeunes gens qui ont gardé le souvenir du paisible lac de Starnberg, où Louis II noya sa folie, enfin les touristes qui se sont reposés dans les villages tranquilles du Jura Souabe, où des maisons blanches percées d'innombrables lucarnes s'isolent, où des paysans vigoureux et simples s'extasiaient encore devant le moteur d'une auto, ces personnes-là souffraient de la violation de la Belgique, de l'attentat des zeppelins, comme du crime, du parjure d'un ancien ami. Et leur douleur s'exacerbait dans le silence car il leur était interdit d'évoquer le souvenir, et le regret s'amplifiait d'être, malgré sa pureté, comme une honte ou une tare dissimulée.

Après l'attentat des zeppelins, la plupart de nos blessés s'énervèrent et s'agitèrent. La fièvre battait dans leurs tempes; la nuit de l'agression les détonations brutales, la panique avaient ébranlé ces cerveaux affaiblis. Quel cataclysme si une bombe avait percé le vitrage de la grande salle! Imaginez les lits défoncés, les hommes estropiés, déchiquetés, en sang, comme sur le champ de bataille! Vision d'épouvante et d'horreur que nous évoquions tous.

Cette nuit-là, comme toujours, la douleur luttait avec l'espoir et la vie se mesurait avec la mort en des combats multiples. Malgré sa monotonie, la souffrance nous émeut toujours car, en sa présence, nous nous replions involontairement sur nous-mêmes. Dans les épreuves d'autrui, nous reconnaissons nos maux passés qui ressuscitent et l'image de la fin certaine s'impose à nos réflexions.

Un après-midi notamment, la souffrance qui nous entourait, monta, nous envahit et s'exhala des blessures, contagieuse et intolérable.

Non loin d'Anvers, les troupes, sorties dès le matin des remparts, avaient rencontré l'ennemi. Les convois d'ambulances affluaient. Les trains sanitaires transportaient, entassés, des hommes défaits, touchés par la mitraille. Du champ de bataille tout proche, les soldats les plus atteints étaient ramenés en auto à Anvers. Sans arrêt, à notre porte, les voitures déchargaient des corps pesants.

Toutes ces voitures, abîmées, délabrées, bosselées n'avaient pas encore été enduites de la couleur grise réglementaire. Chacune, malgré les avatars et les morsures de la guerre, avait gardé sa personnalité ancienne. La laque havane, fine et luisante d'une limousine neuve était ternie; des carrosseries moins précieuses s'étaient fêlées et, sous le capot défoncé, le moteur trépidait, irrégulier, avec des grincements inquiétants.

Dans la salle d'attente de notre ambulance, des vètements s'entassaient, des chaussures s'alignaient, des fusils s'appuyaient aux murs, des cartouches encombraient des étagères ; les blessés restaient étendus sur leur civière, immobiles, prostrés, inconscients, la sueur mêlée à la boue, la capote déchirée par les balles, les traits durcis. Au milieu du sternum, une déchirure souvent imperceptible fendait la tunique, mais cette entaille s'enfonçait jusqu'au poumon et transperçait l'homme de part en part. Alors, avec mille précautions, les infirmiers déshabillaient les corps mous, inanimés ; ils coupaient les lacets des chaussures et du linge encore mouillé de sang jonchait le plancher. Le médecin, penché sur la plaie, ou l'oreille appuyée sur une poitrine maigre, interrogeait ; mais les hommes, abrutis, répondaient le plus souvent par des grognements vagues, inconscients et les plus atteints se taisaient. Les soldats les moins grièvement touchés restaient mornes, silencieux, effondrés sur des chaises de bois ; patiemment, ils attendaient leur tour. Ils dévisageaient, indifférents, les blessés étendus. Ils étaient déjà habitués à cette vision des champs de bataille.

Vers cinq heures du soir, un train sanitaire arriva à la gare toute proche.

Sur des civières, l'on nous amena immédiatement les soldats affaiblis qui n'eussent pas supporté le transport à un hôpital plus éloigné. Des employés du chemin de fer, coiffés de casquettes bleues à galon d'or, des prêtres, la soutane noire avivée par le brassard de la Croix Rouge, deux par deux, traversaient la grande place. Dans le corridor de l'ambulance, l'inconscience ou l'évanouissement des malades ressemblait à la mort. Les hommes touchés à la tête, le front balafré, les cheveux coagulés de sang, étaient recouverts d'un drap qui les dérobait à la curiosité de la foule agitée. Avec appréhension, nous soulevions une couverture qui rappelait un linceul. Alors, un étrange, un indéfinissable regard humain nous fixait ; des yeux sans expression semblaient figés dans un masque de glaise.

Il n'eût pas fallu pousser beaucoup notre imagination pour que nous nous crussions transportés dans la plaine de Haelen ou sur la grand' route de Malines. Mais sur les champs de bataille, les fantassins crient, les charges s'ébranlent, le courage, la frayeur, l'enthousiasme, la haine, l'abnégation, l'héroïsme se confondent et s'exaspèrent, l'homme est stimulé par la lutte et grisé par l'action ; mais ici, dans notre hôpital, la douleur seule était venue se réfugier, sans faste, sans beauté, dans son horreur et sa désolation.

Parmi d'autres victimes, deux prêtres vinrent nous apporter un pauvre petit soldat imberbe, immobile et calme comme un enfant endormi ; sa civière se balançait mollement au rythme des pas des ecclésiastiques qui le hissèrent, avec d'infinies précautions, par l'escalier de marbre, et ils le déposèrent par terre, avec gravité. Le visage enfantin ressemblait aux pâles masques des saints, coulés en cire, étendus, à côté d'un reliquaire d'or, sous des vitrines, dans les chapelles à la campagne. L'adolescent, à l'expression douce et lasse, ne paraissait pas souffrir ; lentement, il entr'ouvrit les paupières transparentes qui retombèrent aussitôt sur ses yeux ternes. Les prêtres le regardèrent un instant, en hochant la tête tonsurée, puis, les plis noirs de leur soutane s'agitèrent ; à grandes enjambées, ils s'en allèrent chercher d'autres malades.

Maintenant, dans la salle, parmi les patients, le nouveau venu seul existait et sur lui se concentrait toute notre attention. Pourquoi? Etions-nous émus par sa jeunesse, séduits par sa joliesse un peu efféminée ou apitoyés par sa résignation calme ?

Le médecin déboutonna la capote neuve du

jeune soldat et examina l'enfant avec attention, en fronçant les sourcils sous ses binocles ; il étouffa un juron bénin, regarda dans le vide, s'approcha de nouveau du blessé inerte. Nous interrompîmes notre travail pour deviner les impressions du chirurgien penché sur le corps gracile.

— « Rien à faire, bougonna-t-il enfin, une balle a traversé le poumon ; nous ne pouvons pas opérer cet homme ici, il faudra me procurer une ambulance et envoyer ce blessé à l'hôpital militaire. »

Avant de s'éloigner, le docteur dévisagea encore une fois cette face pâle et jeta un regard aigu vers la déchirure imperceptible, au-dessus du cœur, dans la tunique propre et neuve...

Nous continuâmes notre ouvrage, relevant machinalement nos blessés, entassant les vêtements épars, soutenant un convalescent, consolant un éclopé découragé. Le flot des arrivants s'était tari peu à peu, les autos ne trépidaient plus à la porte ; le nombre des malades étendus dans l'antichambre diminuait insensiblement.

La voiture d'ambulance réclamée ne venait pas.

Anvers, ce jour-là, débordait de blessés. Les ambulances disponibles étaient prises d'assaut par les infirmiers affolés. A la porte de notre hôpital, la foule silencieuse, compacte, stationnait toujours. Autour de la gare, à l'étroite porte de sortie, sous le viaduc, elle se creusait en un grand demi-cercle qui se redressait et s'élargissait selon une poussée instinctive et irrésistible. Le drapeau de la Croix Rouge, toile blanche salie, pendait, inerte, le long de la hampe.

De jeunes boy-scouts entraient, sortaient, couraient et les gardes civiques, chargés du maintien de l'ordre, montaient la garde inlassablement sur les trottoirs dallés. A la galerie du premier étage, nous apportions et fixions de nouveaux lits. A la lingerie, des dames distribuaient des serviettes ; à la cuisine, des jeunes filles babillaient. Dans la salle d'opération, le médecin renouvelait des pansements mais le petit blessé somnolait toujours sur la civière abritée, à l'écart, au pied d'un escalier. Il ne râlait pas ; sa poitrine ne se soulevait plus et ses paupières restaient closes ; la vie s'échappait goutte à goutte de son être. La mort s'approchait de lui simplement, et, pour cette candide créature, elle ne déployait pas le cortège théâtral et macabre de ses maux habituels.

Vers six heures du soir enfin, une ambulance s'approcha du Jardin Zoologique. Les cercles métalliques des roues émettaient, en roulant, un bruit strident de ferraille, et les carreaux, tremblant dans les cadres de bois, tintaient sans discontinuer; le coffre, peint en gris, pesait sur des ressorts durs et, dans les rainures neuves, les brancards s'ajustaient mal. Le cocher, gras et rouge, s'immobilisait, le fouet à la main, sur un siège haut perché.

Nous allâmes chercher le mourant. Il reposait toujours ; son visage avait encore pâli, ses yeux s'étaient cernés et deux rides minuscules amincissaient le nez ; une plaque rouge, à peine visible, avivait les lèvres bleuâtres. Sa main pendait le long de la civière ; elle s'était posée sur le marbre de l'escalier; quand nous la touchâmes, son contact glacé nous fit tressaillir jusque dans l'échine. Nous soulevâmes sans effort le corps inerte et léger. Ainsi que des enfants maladroits, en partant toujours du même pied, nous descendîmes les marches du vestibule. Dans la rue, deux hommes de bonne volonté s'accrochèrent au montant de bois ; la civière faillit chavirer. Puis le support s'engagea mal dans les rainures. Malgré nous, nous secouiions notre lamentable fardeau ; seule, la tête lourde ballottait sur le cou souple et maigre. D'autres brancardiers se précipitèrent. Un médecin vint nous donner des ordres brefs que nous exécutâmes avec précision, comme si nous eussions soulevé une masse inerte et pesante. Pourtant c'était une vie ténue, vacillante, prête à s'envoler de ce corps que nous manipulions. Aucun geignement, aucun mouvement, rien ne nous révélait sa présence et notre effort qui, sans cela, eût été machinal et tout matériel, empruntait son mystère et sa beauté à cette énigme.

Quand l'ambulance s'ébranla, lourde et massive, un prêtre traça le signe de la croix sur sa poitrine ; nous inclinâmes la tête et tous les assistants saluèrent.

Le dédain et le désir du danger, la haine aussi faisaient éclore des sensations admirables, aiguisées parfois par l'épouvante. Un matin, des soldats minables vinrent sonner à la porte de l'ambulance ; aucun d'eux n'était blessé, leur traits fermes et marqués ne décelaient nulle fatigue, mais dans leurs yeux brillait une flamme perçante de bête de proie. Ils s'interpellaient, se querellaient, inaptes à maîtriser leurs nerfs ; ils parlaient sans discontinuer. Ils nous demandèrent à manger.

Nous les installâmes au réfectoire, autour d'une longue table de marbre. Ils ne s'asseyent pas ; ils tombent sur leur chaise. Ils se jettent sur le fromage qu'ils piquent de la pointe de leur couteau et ils versent le café brûlant dans leur gorge desséchée par la poussière et par la soif. Leurs dents s'entrechoquent et mordent, rythmiques et rapides, comme les incisives blanches des carnassiers. Parfois, sans raison apparente, ils partent tous ensemble d'un long éclat de rire primitif et sonore, semblable au mugissement prolongé d'un animal. Nous les entourons, curieux, dominés tous par un sentiment indéfinissable de crainte, de pitié et d'admiration.

En mâchant bruyamment, la tête plongée dans l'assiette, un Wallon sarcastique et un Flamand lourd, nous contèrent leur merveilleuse et déconcertante odyssée.

— Il y a huit jours, dit le Flamand, le roi a demandé des hommes de bonne volonté ; il s'agissait de jouer un mauvais tour aux Boches. Plus de cent hommes se présentèrent, mais tout le monde ne pouvait pas être de la fête. L'on avait besoin de gaillards débrouillards et vigoureux. Et il fallait aussi savoir rouler à bicyclette, ajouta-t-il, en enfouissant une grosse tartine dans sa bouche ouverte. L'on nous avait ordonné de détruire quelques voies ferrées, en Belgique, derrière le front allemand et de faire sauter des ponts importants.

— Enfin, quoi, résuma le Wallon, embêter les Boches ! et sûr qu'on les a bien embêtés, je vous le jure !... Nous nous mîmes en route, il y a trois jours. L'on nous avait munis de vélos légers et d'épatantes carabines.

LE FLAMAND. — C'est vraiment dommage qu'on ait dû abandonner tout le bazar...

LE WALLON. — Il s'agissait, avant tout, de

traverser les lignes ennemies. Vous vous imaginez que c'est difficile ? Jamais de la vie !

LE FLAMAND. — C'est enfantin ! Un « kinderspeel », Mesdames ! On n'avançait que la nuit, comme dans un rêve.

LE WALLON. — Les sentinelles ne nous attendaient pas et quelques pruneaux réglaient leur affaire.

LE FLAMAND. — Dame! on était parti pour cela... Quelques ennemis se sont pourtant défendus ; l'on a perdu pas mal de monde.

LE WALLON. — A X..., nous étions encore soixante ; mais c'est là seulement que la danse a commencé. Quand nous affirmions aux soldats boches que nous étions de vrais Belges, ils pouffaient de rire...

LE FLAMAND. — Et pendant qu'ils rigolaient de la « zwanze », on leur envoyait quelques balles, ou bien on leur lardait proprement la poitrine, pour ne pas donner l'alarme.

LE WALLON. — En reconnaissant nos uniformes, les civils n'étaient pas moins abasourdis.

LE FLAMAND. — Mais ils nous aidaient et nous soutenaient ; même que nous nous sommes cachés toute une nuit chez une bonne vieille dame qui nous a offert du lard et servi du café.

LE WALLON. — Avant-hier matin, nous démontions une voie. On était si occupé, qu'on avait presque oublié les Boches, mais une sentinelle nous surprend ; elle tire, nous ripostons ; on la rate...

LE FLAMAND. — Ce sont des choses qui arrivent...

LE WALLON. — Elle fuit à toutes jambes et court chercher du renfort. L'imiter, nous? Jamais, avant que notre petit travail ne soit achevé ! Nous démontons encore un aiguillage et scions des traverses. Mais voilà que, de l'autre côté du talus, un peloton de casques à pointe s'avance en bon ordre. On les laisse approcher... A trois mètres, on exécute un petit feu de salve réussi. Le premier rang culbute les quatre fers en l'air ; les autres détalent comme des lapins. Mais décidément, ils ne veulent pas nous ficher la paix ; ils reviennent à la charge. Deux hommes amènent une mitrailleuse.

LE FLAMAND. — Ah ! les cochons !

LE WALLON. — Notre compte est bon. Notre besogne achevée, nous sautons sur nos bécanes et nous dévalons la côte...

LE FLAMAND. — Même qu'on aurait pu croire que nous n'étions qu'une poignée de fantômes, tellement nous allions vite.

LE WALLON. — Derrière nous, la mitrailleuse crépitait. Ah ! la belle fête ! On prenait les virages en vitesse, sans se soucier de la surprise que les Boches nous réservaient au tournant.

LE FLAMAND. — Dieu, comme on pédalait !

Et ils nous rataient toujours, les crétins de Boches !

Le Wallon. — On riait, on s'amusait... Un copain veut me rattraper ; il roule à côté de moi : « Ah ! tu ne me dépasseras pas », lui dis-je. — « Nous verrons bien », qu'il me répond. — « Veux-tu parier ? » que je lui riposte. Mon concurrent penche la tête sur le guidon, et son dos n'est qu'une ligne horizontale. Sa roue d'avant se rapproche de la mienne ; j'appuie de toute ma force sur mes pédales et mes jambes remuent ! Je suis battu ? Non pas ! Voilà mon camarade qui dérape et s'étale dans la boue. Je vous jure qu'il se souviendra de sa chute ! Etait-il drôle, le bougre ! Jamais, je n'ai tant ri qu'en le voyant culbuter : Une balle allemande venait de lui fracasser la tête...

Ce dénouement cruel et brusque nous déconcerta et nous révolta comme un blasphème ; une sorte de malaise moral se propageait dans le silence lourd. Nous regardions le narrateur avec crainte et avec dégoût, comme l'on contemple un criminel. Ses yeux cernés de poussière brûlaient comme deux braises. Il mangeait goulûment et mastiquait son pain avec tranquillité. Ses camarades n'avaient même pas écouté le récit de cet épisode banal.

Tandis que nous retournions à nos occupations diverses, un doute se levait en nous-même. Ce héros, façonné par la guerre, était-il digne de notre admiration, ou bien méritait-il notre blâme? Ses sarcarmes et son mépris de la mort étaient-ils l'indice d'une âme bien trempée, dans un corps vigoureux, ou bien son insensibilité et son incompréhension de l'héroïsme décelaient-elles les tares d'un homme simple qui retourne à la sauvagerie ?

Les heures s'égrainaient, monotones et lentes, à l'ambulance. Rien ne différenciait une matinée de l'autre et une après-midi de la suivante. Peu à peu, parmi les malades, chacun avait choisi ses préférés. Nous commencions à aimer nos patients et nous souffrions de leurs malaises et de leurs blessures. Chaque jour, à la même heure, je portais sur la terrasse les mêmes hommes impatients, ou bien je transportais les mêmes blessés, accablés, à la salle d'opération.

Un jeune peintre timide, exalté, la figure de cire encadrée d'une barbe noire frisée, réclamait souvent mes soins. La profondeur et la vivacité de son regard contrastaient avec la mollesse de son caractère et la lenteur de ses gestes flasques. Ah ! non, cet artiste-là n'était pas apte, comme tant d'autres, à se muer tout à coup en héros ! Il ne comprenait pas la grandeur de la guerre; il en niait la nécessité; indifférent et fataliste, il acceptait la servitude militaire comme une tâche nécessaire et médiocre. Son art seul l'enthousiasmait, l'exaltait comme une religion ; cependant, sa voix haute, au timbre enfantin, ne vibrait pas et sa conversation monotone ressemblait à une sorte de mélopée interminable, très douce.

Le peintre alité me confiait ses projets ; jadis, il avait esquissé des marines à Nieuport, des barquettes échouées sur le sable et le vieux phare, blanchi à la chaux, qui se dressait comme une colonne, au bout d'une estacade...

Aujourd'hui ces endroits paisibles sont ravagés par la guerre et je m'imagine le chagrin de cet artiste langoureux qui aimait avec candeur cette ville paisible. Sur le même ton monotone et chantant, il évoquait le souvenir de sa femme et de son enfant. Il me fit voir un portrait : une jolie poupée frêle, la poitrine étroite et le corps gracile. Pendant de longues heures, il contemplait cette photographie ; il la caressait de son regard vague et las. Il était sans ambition et n'aspirait pas à la gloire ! Il ne se croyait pas génial ; il savait que sa renommée n'égalerait jamais celles des Courtens ou des Claus et il admirait ces maîtres avec dévotion.

D'autres jours, taciturne, immobile, le regard voilé par une sorte de brouillard, il ne se livrait pas.

— « Vous ne vous ennuyez pas ? Vous ne souffrez point ? »

— « Non, répondait-il, je songe à ma femme et à mon gosse. Ah ! si vous saviez comme je les aime... »

Et, avec cette naïveté des êtres simples qui rêvent leur vie, il me conta la touchante histoire de ses amours. La famille n'avait pas cru à sa vocation ; les parents de sa femme s'étaient opposés au mariage ; mais la guerre avait réconcilié les bourgeois et le poète.

— « Maintenant, comprenez-vous, me disait-il, ma femme habite chez ses parents. Ils m'en veulent sans doute encore, aussi faut-il que l'on m'oublie. Puis, le voyage est cher et l'on n'est pas riche là-bas. Je ne puis pas faire venir ma compagne ici. Comment leur demander ce sacrifice ? J'écris que je me porte bien ; Louise doit être contente ; mais je pense à elle, je pense beaucoup à elle... »

Dans le cerveau du jeune peintre, aucun bouillonnement ne montait, ni haine contre l'envahisseur, ni douleur patriotique, ni le bien-être de s'être échappé vivant de la mitraille, ni désir de se battre, mais, seule, émergeait toujours l'image estompée d'une femme adorée et d'un petit enfant. D'imprécis projets artistiques sans envergure, modestes, irréalisables naissaient aussi et s'effaçaient lentement.

Ah ! la belle âme, le grand homme génial qui se serait épanoui, si cet idéal et cette sérénité avaient été fructifiés par la force de vivre, par l'enthousiasme et par les sentiments sommaires et puissants des autres blessés ! Mais toute l'activité de cet homme languide s'évaporera en bavardages vains ; sa sensibilité s'usera en un amour unique et médiocre et son pinceau restera flasque et maladroit.

Ce n'est pas autour du lit du peintre que nous avons assisté au combat exaspéré, grandiose, entre la vie puissante et la mort inévitable. Rien n'est plus noble, plus instructif et plus déconcertant que cette lutte finale qui résume et glorifie toutes les autres batailles. En toute individualité, elle exaspère le duel entre l'âme et le corps, entre la parcelle d'éternité que chacun de nous garde prisonnière dans sa chair et l'éternité tout entière. Tous nos soins, nos gestes, l'art des médecins, le dévouement des infirmières étaient concentrés vers un seul but : vaincre la douleur, éloigner la mort ; nous étions une armée qui combattait, disciplinée et confiante, contre le trépas, guetteur, sournois et cruel. Dans ces multiples batailles, acharnées et silencieuses, nous avons remporté beaucoup de victoires faciles ; nos médecins ont accompli des miracles, mais nous avons été vaincus une fois, et cette défaite-là, je ne l'oublierai jamais.

Deux blessés, mortellement atteints, nous arrivèrent à vingt-quatre heures d'intervalle. Pendant quinze jours ils allaient accaparer notre sensibilité, absorber notre curiosité émue et notre espoir. Le premier des moribonds était un grand gaillard que deux infirmiers nous apportèrent, étendu sur un brancard. Les tiges de bois s'arquaient sous son poids ; il dressait sa tête expressive et régulière. Il avait passé sa main sous sa vareuse, en un geste napoléonien, et il retenait ainsi le bandage et les tampons d'ouate couvrant une large plaie saignante qui battait. Nous nous empressâmes pour le dévêtir.

— « Un soldat se déshabille tout seul, dit-il, en esquissant un sourire pénible. »

Mais, dès le premier mouvement, il retomba sur sa civière. Pendant quelques secondes, il ferma les yeux. Déjà, il semblait que la vie l'abandonnait, annihilant son énergie et sa volonté. Un jeune médecin prit le poignet flasque et tâta le pouls qui frappait de petits coups secs et précipités, comme des trépidations. Mais, aussitôt, notre homme ouvrit les yeux qui s'illuminèrent.

— « Hé ! mon petit, pas de ces simagrées-là, bafouilla-t-il, s'interpellant lui-même. Tu vas être soigné par des dames, c'est pas le moment de tourner de l'œil ! »

Et, s'adressant à nous :

— « Vous me déshabillerez sur mon lit, là-bas ; je ne veux pas être transporté dans la salle comme un paquet. Allons, aidez-moi à m'asseoir. »

Nous obéîmes d'instinct, car il est des ordres auxquels on ne résiste pas. Le malade geignait mais, du geste et du regard, le beau grenadier nous obligeait à continuer. Pourtant la manœuvre douloureuse n'était pas sans danger. Le buste avait été percé de part en part par une balle : un éclat d'obus avait déchiré la jambe droite et un bandage blanc, serré autour de la tête, masquait la morsure d'un éclat de shrapnell. Enfin, quand notre héros fut assis, bien d'aplomb sur sa civière, un bras toujours croisé sur la poitrine, le buste droit, il dit simplement, en martelant les syllabes :

— « Maintenant, Messieurs, faisons notre entrée. »

Toute la journée, nous avions transporté beaucoup de blessés. Les brancards passaient entre les lits, personne ne se souciait des nouveaux venus, si ce n'est une infirmière qui s'empressait et le médecin de service qui examinait le malade. Mais, cette fois, à peine la porte de verre, qui séparait le corridor de la grande salle commune, se fût-elle rabattue sur nous, qu'instantanément tous les regards s'attachèrent sur notre grenadier. Vraiment, son allure était fière et belle ; il avait raidi son bras ; il tordait légèrement la bouche et cette grimace décelait la souffrance vivace et domptée. Par un geste qui lui était sans doute naturel, il tendait le cou et levait son menton carré. Il avait conscience de sa mâle beauté et de son rare courage. Il dévisageait les infirmières d'un air martial et provocateur. Déjà, de nombreuses jeunes femmes en blouse blanche l'entouraient. Son regard perçant et droit était attisé par la fièvre, et, les chairs tendues sur les os, la figure allongée et maigre, accentuaient son énergie et sa beauté. La taille, qui émergeait, droite et raide, des couvertures repliées, évoquait plutôt l'idée de la force que la présence de la mort et de la maladie. Les boutons neufs de la veste brillaient. Le nez droit, un peu épais, aux angles arrêtés, projetait une ombre nette sur les lèvres minces, exsangues et tordues.

L'admiration transformait et métamorphosait notre fardeau humain. Nous marchions lentement comme si nous eussions porté une relique. Les infirmières nous aidaient dans l'accomplissement de notre sacerdoce : l'une soutenait la tête du blessé ; une autre, tout en marchant, arrangeait les plis de la couverture ; une troisième maintenait le brancard. Au chevet du lit, tous les bras se tendirent pour lever le malade qui, moulu par l'effort, de plus en plus affaibli, ne se cabrait plus guère. Étendu sur son lit, il ferma les yeux et ne bougea plus. Du fond de la salle, des gardes-malades, les dames de la lingerie et les jeunes filles de la cuisine accouraient pour admirer ce blessé immobile qui incarnait, telle une parfaite statue, la beauté, le courage, la douleur et l'héroïsme. Comme s'il avait été ravivé par ce flot de respect et de sympathie naissante, il rouvrit les yeux. Sa face était tordue par une brève et involontaire grimace ; mais il se dominait encore, malgré la fièvre, la brûlure des plaies et l'inconscience envahissante.

Mais, à peine le médecin eût-il renvoyé les admiratrices inopportunes que, tout à coup, le grand corps, galvanisé d'abord par une incommensurable et surhumaine énergie, s'affaissa, s'écroula, se détendit. Les yeux chavirèrent dans les orbites, la main, qui était restée appuyée sur la poitrine, se desserra. Sur les draps blancs, il n'y eut plus qu'un pauvre héros malade, qui poussait de brefs gémissements d'enfant. Quand les bandages ensanglantés se déroulèrent, nous fûmes épouvantés par deux plaies béantes qui s'étalaient, monstrueuses et informes, au milieu de cette large poitrine ; la balle, en déchiquetant les chairs, avait creusé une sorte de cratère profond, aux bords irréguliers et noirâtres. Mais en tamponnant la peau, nous découvrîmes une autre blessure sous le sein gauche, un imperceptible trou noir, profond, rempli d'iode et de sang coagulé. Le médecin fronça les sourcils. Cette plaie si petite nous inquiétait comme un mystère ; d'instinct, nous devinions tous que c'était par cet orifice minuscule, qui s'enfonçait sans doute jusqu'au fond de l'être humain, que s'en allaient la force et la vie de cet homme superbe qui agonisait.

L'autre blessé, qu'on nous amena le lendemain matin, nous parut moins gravement atteint. Il arriva, dans un convoi, accompagné de beaucoup de pauvres diables qui souffraient de rhumatismes, de bronchites bénignes, ou bien qui se plaignaient d'épuisement et de fatigue. Ce petit soldat pâle, chétif et tranquille ne nous inquiéta pas. Insignifiant, les cheveux blonds coupés au ras de la tête irrégulière et bosselée, le regard terne, sans expression, hébété, il n'éveillait pas la sympathie. Il affirmait que la fièvre le terrassait tous les soirs et que des rêves terrifiants troublaient son sommeil agité. Pendant quatre ou cinq jours, nous ne nous souciâmes guère de lui ; nous le transportions à la salle d'opération où le médecin l'examinait à la hâte. Mais la fièvre montait, l'homme ne se nourrissait guère et il languissait dans un abattement continuel. Un soir, subitement, son état s'aggrava. Il fut agité de tremblements convulsifs et il délira toute la nuit ; il rugissait comme un animal enragé. Des gémissements aigus se fondaient en un râle profond et guttural, exagéré parfois, comme des cris de théâtre.

Dans ce vaste hall, la mort rôdait maintenant autour de deux lits. Mais nos patients ne se souciaient pas d'elle. Le clown distrayait ses camarades par ses sifflements et ses facéties ; « Mon général », se laissait gâter et choyer ; des convalescents jouaient à la manille et tous les après-midi, le son ample de cent voix s'élevait de la terrasse et remplissait toute l'ambulance du refrain gouailleur et martial : « Pin, pin, nous irons à Berlin. »

CHAPITRE VII

L'EXODE DES ENFANTS

Je l'avoue, l'avenir de ces hommes qui se révoltaient contre la mort, dans ce vaste hôpital où s'exacerbait la douleur, m'apitoyait, tendait mes nerfs et me passionnait comme un drame aigu, éternel et particulier. Pourtant j'ai abandonné ces moribonds pour accomplir un devoir très simple, enfantin et puéril, qui, dans cette époque d'héroïsme épique, reste entaché de ridicule et d'insignifiance.

Des bruits alarmants, chuchotés, épars dans l'atmosphère, nous exaspéraient. Après une sortie, les troupes s'étaient rabattues sur la place fortifiée. Une nuit, au moment du lever du soleil, un zeppelin était apparu dans le ciel bordé d'un brouillard indécis et clair ; les détonations des bombes nous avaient ébranlés. La monotonie de la vie habituelle et restreinte nous agaçait et stimulait notre impatience. De nouveau, comme au début de la guerre, nous perdions le contrôle de notre cerveau et la maîtrise de notre cœur ; sans cesse, dans le terrain favorable de l'inconnu, germait la graine mystérieuse des nouvelles contradictoires.

Pour la première fois, les faibles et les hésitants osaient douter de la solidité et de la puissance de nos fortifications ; la légende du 420 allemand, invincible et destructeur comme un cataclysme de la nature, naissait, se propageait, démoralisait, répandue comme un gaz délétère par une main invisible. Puis, subitement, l'espoir, aussi déréglé que le pessimisme, tuait et absorbait les idées noires. Ainsi, dans cette ville surveillée, guettée avant l'assaut final, la confiance se colletait avec les fantômes de la crainte et les spectres de la panique.

Mais toute la force active de la nation s'accumulait à Anvers : les ordres du roi, du gouverneur de la place, du généralissime des armées en campagne, des autorités militaires et civiles, se multiplaient, se superposaient, se complétaient ; il est prodigieux que la chaudière n'ait pas éclaté sous la pression de tant de pouvoirs concentrés ; c'est un miracle que tant de courants différents et contradictoires ne se soient pas annihilés en se rencontrant.

Afin de préserver nos défenseurs des coups de Jarnac de l'espionnage allemand, l'on nous serrait dans les mailles des prescriptions et des mesures exceptionnelles : extinction réglementaire des lumières, inscriptions aux consulats, interdiction de passer par certaines rues, de s'approcher des forts et des voies ferrées, obligation de quitter le trottoir devant les bâtiments occupés par les ministres et les états-majors, nécessité de se munir de papiers divers pour voyager et quitter la place fortifiée, etc.

Malgré ces vexations et ces atteintes nécessaires à la liberté, le public ne s'est pas plaint ; cependant, dans notre énervement suscité par l'inaction et l'attente, un accès de mauvaise humeur eût été aussi excusable que les crises de découragement. Ne souffrions-nous pas plus que d'autres de toutes les angoisses de la guerre, n'en subissions-nous pas davantage les contre-coups immédiats ?

Ailleurs les civils, plus éloignés du théâtre des hostilités, avaient le loisir de juger les faits dans leur ensemble et déjà ils pouvaient admirer la grandeur de la tragédie. Mais toute notre attention et toute notre sensibilité étaient accaparées par quelques faits secondaires. Isolés, au centre même de la fournaise, nous souffrions de brûlures mortelles, sans que nous eussions jamais le loisir de contempler l'incendie qui ensanglante le monde.

Sans doute, ne discutâmes-nous pas de sang-froid et nous laissâmes-nous dominer par l'inquiétude qui accablait notre milieu, quand, dans un conseil de famille, assurément prématuré, nous décidâmes d'exiler tous les petits enfants en Angleterre. L'homme qui, à ce moment-là, eût quitté la ville, subjugué par ses appréhensions, chassé par la peur, n'eût été certes qu'un piètre personnage. Au contraire, n'était-ce pas obéir aux injonctions mêmes de la sagesse et de la raison que d'éloigner les tout-petits de nos calamités, que de leur épargner des privations néfastes ? Mais le devoir, que certains croient simplifié et clarifié par les hostilités, nous impose aujourd'hui des cas de conscience plus troublants que jamais. Les jeunes femmes dévouées à leurs malades, attachées à leur ambulance, refusèrent d'abandonner leur tâche. Elles comparaient le départ qu'on leur conseillait à une désertion : les enfants furent confiés en Angleterre, à des parents et à des amis. Leurs mères ne les accompagnèrent pas.

Nous vivons à une époque étrange et sublime où le devoir naturel d'une mère est absorbé, remplacé par un devoir plus haut et des nécessités plus générales que l'amour maternel. Plus d'une de nos jeunes amies versa des larmes, mais elles surent toutes accomplir, sans faiblesse, le double sacrifice : mettre leurs enfants à l'abri du danger et persévérer dans leur tâche charitable de patriotisme.

L'on me pria d'accompagner les nurses, les bonnes et une jeune femme qui, tout en écourtant son absence le plus possible, allait conduire à Londres le troupeau de bébés, de garçons et de fillettes. L'on me décida à négliger, pendant quelques jours, mes fonctions d'infirmier.

D'abord, comme préliminaires à notre déplacement, je dus réunir les papiers, les laissez-passer et les certificats d'identité indispensables à la réussite de notre voyage. Toute une journée, depuis huit heures du matin jusqu'à sept heures du soir, je stationnai à la porte de l'Hôtel de Ville, de l'Etat-Major et de deux consulats. Dans mes pérégrinations, je me mêlai à une foule patiente, abrutie, abattue, qui me révéla sa mentalité et me montra un aspect insoupçonné, exceptionnel, de la pensée anversoise. Devant les bureaux où des créatures apeurés accomplissaient un pèlerinage nécessaire, je frôlai des épaves balayées déjà par la vague de découragement et de frayeur qui précède les désastres et entraîne tous les faibles : les femmes isolées, les hommes craintifs ou indifférents.

La rue Kipdorp, où siégeait l'Etat-Major, était barrée par un piquet de soldats ; alignés sur deux rangs, des femmes du peuple, tête nue, des enfants fatigués, des hommes accablés stationnaient. L'interminable file longeait les maisons, serpentait, suivant les sinuosités des façades, tournant brusquement à l'angle d'une rue. Parfois, une femme pâle, éreintée par une longue attente, sortait du rang et s'approchait d'une sentinelle ; mais ses démarches restaient vaines et elle allait reprendre sa place et se perdait dans le public anonyme. Les soldats s'écartaient souvent, pour livrer passage à une auto militaire ; alors des hommes impatients et pressés se précipitaient, se bousculaient et s'écrasaient contre le barrage refermé aussitôt. Les premiers groupes de la colonne, abrutis par l'attente, restaient là, figés, silencieux et immobiles ; les derniers se préoccupaient surtout de l'avance de la file dont ils ne discernaient pas la longueur.

Quand un petit paquet de femmes et d'enfants franchissait le cordon de soldats, un remous agitait la foule, se répercutait et chacun avançait de quelques pas. Les retardataires enviaient ces élus qui venaient de franchir le barrage, attendaient au milieu de la rue, devant une façade grise, parmi les généraux, les colonels et les commandants ceints de l'écharpe amarante des officiers d'Etat-Major ; et cet îlot diminuait vite et s'effritait sans cesse.

A la longue, entre tous ces êtres accablés par les mêmes misères, qui se préparent tous à l'exil, une sorte d'intimité naît et s'épanouit : des histoires banales, insignifiantes, toutes identiques dans leur essence, sont ressassées par des voix graves et lasses. Les épaves voguent déjà au gré des flots : des femmes vont réclamer des pièces, dont elles ne se serviront jamais, car, à la dernière minute, elles auront peur de quitter leur pays et elles resteront hésitantes et prostrées. Des vieilles rentières, qui vivent seules, enfermées chez elles depuis de nombreuses années, repliées sur elles-mêmes, ayant oublié l'existence réelle, presque abolie dans leur claustration, interprètent mal les ordonnances, se trompent, se démènent, s'alarment inutilement.

Toutes les lamentations de l'humanité médiocre s'élèvent de cette foule. Les plus confiants et les plus lucides sont étreints bientôt par mille appréhensions ridicules, par des souffrances mesquines qui vous harcèlent et qui vous diminuent.

Les mêmes scènes se développaient devant l'Hôtel de Ville ; mais là, le public se pressait plus nombreux et plus compact, et, de la réunion de tant d'êtres insignifiants, agités tous par des sentiments médiocres, sans valeur initiale, jaillissait une impression prenante, inégalable, de souffrance, de beauté et de grandeur.

Tous les Anversois décidés à quitter la ville devaient se munir d'une pièce d'identité nouvelle qui attesterait, à l'étranger ou dans des cités belges moins menacées, leur origine et leur nationalité.

Sur la grand'place, encadrée par les anciennes maisons à pignons de l'époque de Charles-Quint et de la domination espagnole, s'entassait une foule immense, noire, serrée, immobile : des casquettes, des chapeaux melon, des chignons blonds, des touffes de fleurs et de plumes se juxtaposaient, se confondaient, s'inclinaient. Au milieu de cette marée d'humains se haussait la sombre statue de Brabo qui lance à la mer la main tranchée du géant d'Anvers, l'oppresseur vaincu. Et le bras de bronze dominait la foule. Ici, tout se confondait, les sentiments et les êtres : comment reconnaître un ami dans cette masse anonyme ? Comment isoler un deuil personnel dans cette misère incommensurable ? Pourtant, de cette immense réunion d'êtres apeurés, se dégageait une idée de puissance et de volonté, car l'on ne distinguait pas la pâleur des visages préoccupés ni la bordure rouge des yeux qui ont pleuré. On ne sentait pas la lassitude des dos arrondis qui se touchent, la crainte étouffée dans les poitrines écrasées les unes contre les autres. Subrepticement, ces pauvres créatures rampantes et tristes s'engouffraient, par masses égales, dans la porte basse de la façade latérale et, à l'intérieur, sur l'escalier monumental, la queue se prolongeait jusqu'au seuil des bureaux assiégés.

Devant les consulats, ornés d'écussons étrangers, d'autres groupes s'essaimaient. Ici les solliciteurs étaient surveillés par un brave agent de police souvent loquace et joyeux. Il exhortait les femmes à la patience et multipliait les conseils paternels. Il réprimait avec une douce vigueur les bousculades et les querelles. Cette tâche nécessitait souvent du doigté, du sang-froid et même de la psychologie. Fatigués et excédés par une longue attente, des êtres nerveux et des impatients se fâchaient.

Ainsi j'ai assisté à la querelle réjouissante de deux mégères acariâtres. Elles causèrent d'abord avec nervosité, puis elles s'accablèrent d'injures et d'insultes. La première, qui occupait une place plus favorable dans la file, était coiffée d'un merveilleux chapeau neuf. L'autre, en cheveux, avait piqué un large peigne scintillant de faux brillants dans un chignon lisse. La femme du peuple semblait en vouloir surtout au galurin prétentieux de la bourgeoise :

— « Ah! hurlait-elle, vous portez un chapeau avec des roses et des plumes, vous croyez avoir le droit de bousculer le pauvre monde !... nous verrons bien... »

Mais la bourgeoise riposte de verte façon; les menaces de la poissarde ne l'intimident pas; les voix s'élèvent et grincent. Tout à coup, sans crier gare, la femme sans chapeau tombe à bras raccourcis sur la dame ornée du couvre-chef. Elle la bat comme plâtre. Sous les coups de son parapluie déroulé, elle écrase les fleurs, elle bossèle le tagal, elle réduit les plumes en bouillie. L'agent s'empare des combattantes décoiffées, rouges d'émotion et de colère, qui se démènent comme des diablesses. Le représentant de la force publique serre et pince les bras des pugilistes qu'il sépare. Il place la femme du peuple au premier rang et il envoie la bourgeoise au bout de la queue qui s'allonge. Elle attendra plus d'une heure, tandis que sa rivale, triomphante, atteint immédiatement le guichet de l'aimable employé du Consulat.

Sans doute blâmerez-vous l'agent qui méprise le droit; quant à moi, je vous l'avoue, son autorité, son sang-froid et ses principes démocratiques me ravissent et je partage équitablement mon admiration entre lui et les deux rivales, car, à l'époque où nous vivons, la force, la décision, le courage sont d'utiles vertus, qui doivent être cultivées par tous, même par les femmes.

La veille de mon départ pour Londres, j'allai

rendre visite à mes blessés, à l'ambulance. Le soir tombait et ternissait la verrière. Dans la grande salle, où les infirmières achevaient quelques pansements, où le médecin accomplissait sa dernière tournée, une sorte de brouillard gris enveloppait les êtres et les choses. La douleur me semblait plus aiguë et la tristesse était victorieuse de la joie. Et je m'arrêtai au chevet de mes malades favoris : « Mon général » causait avec son infirmière ; il parlait de la guerre, de sa blessure, de l'obus qui était venu droit sur lui, comme si le projectile le plus puissant eût visé le soldat le plus candide et le plus faible ; la garde-malade ne s'émouvait plus à ce beau récit qu'elle connaissait par cœur ; mais ces souvenirs hantaient le blessé triste et il les exprimait.

Le clown, attardé, jouait aux cartes avec des camarades ; il criait, gesticulait, tordait sa figure de caoutchouc en une lamentable grimace et, d'un geste vulgaire, il lançait sur la table les cartons qu'il humectait du bout des doigts. Le lancier privilégié, fumait une cigarette ; il se plaignait de sa blessure qui ne se fermait pas et il en voulait au médecin qui lui avait refusé une sortie. Le peintre sommeillait déjà ; sa face de cire jaune encadrée dans la barbe noire reflétait ses préoccupations invincibles. Il avait froncé les sourcils en s'endormant et deux rides s'étaient tracées, profondes et nettes, dans son front lisse. Le grand grenadier, si beau et si viril, était subjugué, ce soir-là plus que coutume, par la fierté et l'orgueil qui risquaient de lui être funestes. Malgré les ordres du médecin, il s'était assis, le bras replié sur la poitrine :

« Je suis guéri, me dit-il. L'on n'a pas dû me chloroformer ce matin. C'est épatant ! je suis guéri. »

Mais il parlait d'une voix caverneuse et trop vibrante. Ses yeux brillaient d'une lueur trop vive et, derrière lui, son infirmière secouait la tête ; la grande plaie de la poitrine se cicatrisait, mais le petit trou mystérieux et profond ne se fermait point.

L'autre mourant, le petit blessé à la tête rasée et blonde, crachait du sang, divaguait sans discontinuer. Dans sa chambrette, construite, à la galerie du premier étage, de paravents juxtaposés, je le vis étendu, immobile, serré dans les draps blancs ; le cœur bat encore, mais la vie semble déjà s'en être allée ; le nez se pince déjà, la bouche reste grande ouverte, la poitrine se soulève avec régularité, l'air s'engouffre dans les bronches avec un sifflement. Une infirmière veille le moribond, en tricotant...

Dans des circonstances moins graves, le voyage en Angleterre eût été une diversion joyeuse, dans une vie terre à terre. Mais des nécessités tragiques nous imposaient leur impérieuse volonté ; l'on arrachait des enfants à leur mère et des cœurs tendres s'inquiétaient.

Dès huit heures du matin, des fiacres, surchargés de bagages, vinrent stationner devant notre maison. A l'intérieur de ces minables guimbardes de louage, traînées par des chevaux squelettiques, des valises et des cartons s'entassaient. Les enfants criaient, pleuraient, s'impatientaient ; les jeunes femmes embrassaient sans arrêt leurs rejetons maussades.

Notre cortège s'ébranla et, cahin-caha, se dirigea vers le port. Nous suivîmes les grandes avenues où nous croisâmes quelques autos militaires. Les passants nous dévisageaient. Les chevaux, fatigués, avançaient par saccades brèves et ils s'élançaient, quand le cocher cinglait d'un coup de fouet l'échine bosselée. La voiture aux ressorts usés, se balançait d'un rythme étrange, et, entraînée par le poids des bagages, elle penchait de façon inquiétante. En face de moi, une jeune mère caressait et catéchisait une fillette rieuse, toute heureuse de partir par le bateau, pour l'Angleterre.

Le long du quai, un remorqueur peu engageant, sale, noirci de poussière de charbon, nous attendait, pour nous mener à Flessingue, en descendant l'Escaut jusqu'à son embouchure. Par la cheminée basse et un peu inclinée, une fumée opaque s'échappait et dessinait une ombre mouvante sur le petit ponton où émergeait une sorte de cabine ronde, percée d'une porte basse. A côté de notre bateau, un autre remorqueur, d'un type analogue, était amarré. Des messieurs affairés embarquaient des dames massives qui poussaient des cris brefs en passant sur une passerelle étroite, à l'équilibre instable. Les efforts disgracieux et les craintes absurdes des bourgeoises obèses nous divertirent un instant. Des débardeurs empressés déchargeaient les bagages, en se querellant. Ils éparpillaient les paquets et deux ou trois géants portaient une valise qu'un gamin eût soulevée sans effort. Les parents, les fillettes, les garçons, les bébés et leurs bonnes formaient un groupe attendrissant et sympathique. Les jeunes mamans multipliaient les recommandations inutiles aux enfants qui ont atteint l'âge de raison ; elles embrassaient les plus petits et portaient les poupons à leurs lèvres. Les grand'mères, silencieuses et plus émues, admiraient leurs petits-enfants.

Mais comme l'attente se prolongeait, les jeunes garçons grimpèrent sur les malles et disputèrent quelques colis aux commissionnaires. Les fillettes, curieuses, regardaient autour d'elles et babillaient, sans discontinuer. Le vent mêlait et défaisait leurs boucles et, avec des gestes de coquetterie précoce, elles retenaient leur chapeau et lissaient leurs cheveux. Ou bien, maternelles, plus touchées du bobo imaginaire d'un jouet que du chagrin de leurs parents, elles calmaient et berçaient leur poupée ; les tout petits dormaient dans les bras de leur bonne et quelques-uns poussaient des cris.

Cependant les débardeurs travaillent ; les grosses malles, suspendues au bout des câbles tendus, glissent le long des parois rugueuses du quai. Elles flottent, quelques instants, insolites, bizarres, entre l'eau et le ciel. Le capitaine du remorqueur fait siffler sa chaudière et un mugissement nous remplit les oreilles. L'on abrège les adieux. Avec des gestes maladroits et paternels, les matelots portent les bambins à bord. Les partants sont réunis à l'arrière du bateau : la jeune mère qui m'accompagnera jusqu'à Londres ; les enfants qui grouillent, rient et pleurent ; les « nurses » qui s'énervent et les bonnes qui s'agitent, essuient leurs yeux humides et reniflent.

Au-dessus de nous, à côté des fiacres lamentables, les parents attendent notre départ. Chaque mère n'a d'yeux que pour ses propres enfants. De nouveau, la sirène enrouée, au son âcre, siffle et un léger filet de vapeur blanche se mêle à la colonne de fumée noire. Un porteur, qui s'est attardé, grimpe par la passerelle que l'on retire sous ses pas. Autour de la coque usée du remorqueur, l'eau clapote ; la machine halète, régulière et rythmique, avec une imperceptible trépidation. Le quai s'écarte, s'éloigne, diminue. Des mouchoirs s'agitent. Sur le haut du promontoire, le groupe des parents et des amis se rapetisse et il n'est bientôt plus qu'une imperceptible masse compacte, serrée, noire, avec des taches claires.

Devant nous, toute la ville défile ; le panorama familier que le peintre Mols a fixé et détaillé, non sans art, sur une toile célèbre, se déroule lentement. La flèche dentelée de la cathédrale s'élance et domine les maisons basses, aux toits découpés. Les lourdes constructions neuves, surchargées de statues symboliques, s'alignent le long des quais. Le donjon du Steen, massif et solide, flanque les hauts promenoirs neufs. L'ancienne maison des Bouchers, en briques noircies, s'impose par sa masse puissante.

Au premier coude du fleuve, nous croisons un navire qui traîne derrière lui une petite vague blanche que notre remorqueur coupe en vacillant.

Nous dépassons les villages de Lillo et du Doel, blottis au bord du fleuve. Que de fois n'avons-nous pas longé, à cheval ou en auto, les roseaux jaunes qui se dressent dans une eau tranquille, et bruissent étrangement au moindre souffle du vent âpre. Au bout d'une estacade, des pêcheurs, rêveurs et insouciants comme de coutume, tiennent immobile leur longue ligne de jonc et leurs jambes pendent dans le vide. Les minuscules plages désertes, où le sable doré brille, sont léchées par de petites vagues courtes qui meurent en écumant. Nous avançons péniblement ; la machine ronfle.

Nous navigâmes ainsi jusqu'au soir ; à quelques mètres de la frontière, nous passâmes entre deux forts dont les canons étaient braqués sur le fleuve. Les terres bouleversées, les arbres coupés, attestaient de l'activité militaire de notre pays. En Hollande, veillaient deux torpilleurs gris, bonasses, l'air inoffensif. Des douaniers galonnés, luisants, très polis, montèrent à bord ; ils jetèrent un regard discret sur le monticule de nos bagages et ils examinèrent nos papiers, puis ils s'éloignèrent dans une barquette qui traça un sillage dans l'eau verte.

Nous passâmes la nuit à Flessingue, à bord du vapeur de la Compagnie « Zeeland », dans de petites cabines basses et étouffantes. Nous ne dormîmes guère. Le bateau immobile était rempli de bruits insolites : chants monotones de jeunes mères qui consolent des bébés, cris stridents d'enfants querelleurs, éclats de voix de parents mécontents, murmures de confidences, grognements bas et gutturaux de matelots qui causent, craquements de meubles neufs, martellement sec de pas lourds sur le pont, grincements métalliques de chaînes, coups de tonnerre répétés du charbon précipité dans la cale, claquement sonore de l'eau contre la coque du navire. Et ces sons, divers et disparates, se succédaient, s'écrasaient ou se mêlaient, sans jamais s'harmoniser. Pendant les accalmies, le silence pesait, effrayant comme le vide, déconcernant comme une anomalie...

Le lendemain matin, sur le pont du bateau, au moment du départ, des enfants criaient et pleuraient, des mères s'énervaient, s'impatientaient ; les marins étaient bousculés ; les poulies, les amarres grinçaient et la machine prolongeait son mugissement lugubre et traînant, grave comme le cri d'une bête blessée. Des gosses, fatigués, dépaysés, les traits tirés, enveloppés de châles de laine, s'entassaient sur le pont ; des fillettes, déjà raisonnables, restaient affalées dans des fauteuils de paille et de bois rouge, et leurs jambes grêles se balançaient et pendaient sans toucher terre. Elles rêvassaient et leurs regards se perdaient dans la mer lisse, insondable, grise, comme le ciel bas qui semblait toucher l'eau plate et se noyer en elle.

La terre, les maisons, les arbres diminuaient, s'effaçaient, jusqu'à n'être plus qu'une ligne à peine ombrée. Les petits, les faibles, les femmes s'éloignaient de leur patrie menacée et envahie.

Nous croisâmes des contre-torpilleurs anglais, trapus et guetteurs. La côte se précisa ; nous longeâmes des falaises, rouges, effritées, hautes et droites comme des murs ; déjà le « pier » de Folkestone traçait une longue ligne droite dans la brume du soir tombant. Les machines stoppèrent et le bateau s'immobilisa sur la mer calme. L'attente se prolongea plus de deux heures. Le crépuscule s'épaississait peu à peu, la mer noircissait jusqu'à se confondre avec l'obscurité ambiante. Les étoiles s'allumaient et des milliers de lumières scintillaient sur la côte proche. Une trace de points brillants et réguliers marquait, dans la nuit, la place précise des quais de Folkestone. Au loin, des projecteurs striaient l'eau et le ciel de larges rais, mouvants et brusques.

L'Angleterre, attentive, perspicace, veillait et se défendait. Après notre bref séjour en Hollande, dans un pays paisible qui ne se bat point, nous éprouvions une sorte de réconfort étrange, qui éveillait d'instinct notre sympathie, en accentuant notre émoi. Et nous appréciions ces armements et ces précautions de la

Grande-Bretagne dressée contre l'adversaire commun.

Tout à coup, notre navire fut baigné par la lumière crue du projecteur qui nous dévisagea et nous fouilla lentement. Quelle merveilleuse et puissante sensation que d'être ainsi sauvé de la nuit et tiré en quelque sorte du néant ! Puis, après quelques minutes d'investigation vigilante, soupçonneuse et nécessaire, le faisceau lumineux balaya le pont ; la poupe s'évanouit d'abord dans l'ombre, puis l'avant aussi disparut et, seule, une tache claire resta accrochée au pavillon hollandais, à l'arrière.

La clarté du projecteur glissa sur l'eau ; immédiatement, à quelques brassées de notre vapeur, nous vîmes émerger la coque, les cheminées, la mâture d'un navire semblable au nôtre. Les êtres et les choses se précisèrent aussitôt : Sur le pont grouillait une foule plus épaisse, plus hétéroclite, plus minable et plus affalée que nos passagers belges. Rien n'était plus poignant que l'apparition soudaine, inattendue, de ces réfugiés français, chassés, comme nous, de leur pays qu'envahissaient les armées allemandes. Pour la première fois, nous touchions d'autres misères que celles de notre patrie, de notre ville ; et nous tâchions de nous imaginer l'incommensurable somme d'angoisse, de malheur et de souffrance répandue actuellement sur notre pauvre terre.

Mais bientôt, le navire français disparut; la clarté du projecteur monta dans le ciel et, parmi les étoiles qui pâlirent, il traça une ligne blanche, pareille à une voie lactée précise, lumineuse et mouvante.

CHAPITRE VIII

LA DOUCEUR DU PAYS NATAL

PENDANT les huit jours que je passai à Londres, les alliés triomphèrent de leur ennemi. C'est de là que je suivis les phases poignantes de la bataille de la Marne; perdu dans la foule affairée de Picadilly, j'appris le succès de l'Ourcq et, dans ma pensée, la victoire libératrice s'associera toujours aux souvenirs de la City agitée, de la High-Street grouillante et d'un vaste hôtel neuf, construit dans le style Tudor.

Puis j'accomplis le voyage de retour sur un bateau vide, trop grand, où l'on chargea de lourdes caisses et des ballots marqués d'un disque blanc où se détachaient les branches égales de la Croix Rouge. Des officiers anglais, sanglés dans des tuniques kaki et harnachés de cuir, arpentaient le pont, à grands pas, en serrant entre leurs dents le bout courbé d'une pipe. Le tanguage insolite du navire ne les incommodait pas.

A table, je fis la connaissance d'un Scandinave grisonnant, jeune encore, à l'aspect sympathique et vigoureux. Il venait de débarquer de la Nouvelle-Zélande ; il se rendait sur le continent. Dans la colonie lointaine, il n'avait perçu que d'insignifiants échos de la guerre. Notre mentalité nouvelle le déconcertait ; il s'étonnait de notre calme, en face des morts entassés et des deuils qui s'accumulaient ; il nous plaignait du fond du cœur. Il ne comprenait pas pourquoi un pays heureux et prospère comme notre petite Belgique, se plongeait ainsi dans le malheur.

— « Si la Belgique, me disait-il, avait deviné les maux accablants de la guerre, elle n'aurait pas résisté aux injonctions de l'Allemagne. »

Je réfutais ces arguments vexants, avec toute la fougue dont je suis capable, quand un vent violent amoncela au-dessus de nos têtes des nuages noirs, éparpillés dans un ciel clair; les vagues écumèrent et se haussèrent en montagnes liquides, séparées par des précipices mouvants où le petit vapeur s'enfonçait comme dans le vide. Je baillai, mes yeux se fermèrent ; le balancement m'incommodait ; j'eus l'impression indéfinissable de l'inconscience et je renonçai à défendre ma patrie contre les injures de mon voisin.

En Hollande, la jeune femme que j'accompagnais et moi, nous arrêtâmes dans la petite ville paisible de Berg-op-Zoom. Nous nous installâmes dans une vieille auberge démodée dont la façade de plâtre effritée donnait sur une vaste cour aux pavés raboteux. Par bouffées, l'odeur des écuries s'engouffrait dans les chambres basses car, selon l'ancienne mode, notre hôte cumulait les fonctions d'aubergiste et de loueur de voitures.

En nous faisant conduire par un porteur courbé et faible, nous avions croisé quelques rares passants. Seule, sur une petite place carrée, une brasserie neuve, éblouissante de lumière, n'était pas endormie et, autour de ce point brillant, d'interminables ruelles sombres s'entrelaçaient, innombrables et mystérieuses. La paix règne ici. Pourtant, à quarante kilomètres, le canon allemand tonne. Jadis, aussi, les Hollandais tranquilles ont souffert des affres et des sacrifices sanglants de la guerre qui perpétue la gloire; mais ils sommeillent maintenant sans appréhension : l'heure de l'héroïsme, de l'abnégation, des blessures mortelles ne sonne pas pour eux.

Vraiment, elle avait une étrange allure cette carriole, haute sur roues, encombrée d'une capote de cuir craquelé, traînée par un cheval noir, vigoureux, mais difforme. Cet attelage devait nous conduire en Belgique. Le cocher, notre vieil aubergiste, s'était affublé d'un chapeau melon bosselé qui s'écrasait sur sa figure poupine, molle et placide, où, entre deux bourrelets de graisse, étaient enchassés des yeux très clairs. Le cheval trottinait doucement, sans s'interrompre jamais. A la sortie de la ville silencieuse où le martellement des fers et le bruit métallique des roues se répercutaient, la route, bordée d'arbres, s'étendait droite et si longue qu'elle ne s'arrêtait qu'au point lointain où elle disparaissait, rétrécie par la perspective. Les bouquets d'arbres qui bordaient les « Klinkers » déployaient leurs touffes de feuillage épais, balancés par le vent, sur des troncs jeunes et grêles. Dans le ciel matinal et pur, montaient et couraient des nuages noirs. Nous rencontrâmes des paysans vêtus de longs sarraus bleus; ils se rendaient aux champs et quelques-uns conduisaient des chariots qui encombraient la chaussée. Leur calme, leurs occupations paisibles nous étonnaient, nous émouvaient, en évoquant les visions nettes d'un bonheur lointain.

Malgré la lente cadence de notre canasson, que le cocher ne pressait guère, nous avancions vite. Au fur et à mesure que nous approchions de la frontière belge, des indications précises accusaient la proximité de la guerre plus proche. Des patrouilles de soldats hollandais habillés de drap bleu clair arpentaient les chemins; les tentes grises et les abris de paille d'un camp militaire s'alignaient dans un champ piétiné. Sur les bornes kilométriques les indications avaient été enduites d'un badigeon épais ; les plaques de quelques poteaux étaient arrachées et la brisure dentelée se rouillait déjà.

Nous parvînmes à la frontière belgo-hollandaise, à un endroit familier où, jadis, plus d'une fois, nous avions arrêté l'auto, pour nous promener dans les bruyères et les bois de sapins environnants. Nous nous trouvions à cinq ou six kilomètres de notre maison de C. Devant nous, un drapeau belge s'étalait, accroché à une hampe neuve ; à côté, l'écusson national se dressait sur une tige tricolore dont la peinture noircie s'était maculée, près du sol, d'éclaboussures de boue.

Devant le bureau de la douane, un chien attaché entre les roues d'une lourde voiture chargée de meubles, aboyait furieusement. Un fonctionnaire belge nous dévisagea une seconde ; il sourit de l'aspect lamentable et démodé de notre véhicule dont nous avions rabattu maintenant la capote noire, percée, dans le fond, d'une ouverture minuscule. Il ne se donna pas la peine de vérifier nos laissez-passer :

— « Allez, nous dit-il ; mais si vous n'êtes pas en règle, les soldats qui gardent la zone militaire vous arrêteront et je serai réprimandé. »

La voix traînante et basse du douanier nous amusa ; sa confiance un peu nonchalante nous plut et le bonheur de toucher le sol natal s'épanouit en nous-mêmes, spontané et sensible.

Près du but, le cocher ne ménageait plus son cheval. Cette course de plus de cinq heures n'avait pas fatigué cette bête robuste et lourde qui étendit ses jambes longues ; les vitres de la capote, le cercle des roues, les chaînettes du harnais résonnèrent en une sorte de musique aiguë.

Maintenant nous admirions les paysages connus, avec une joie concentrée, avec un amour vague, mêlé d'appréhension. Les premières maisons du village frontière n'avaient pas été atteintes par la destruction de la guerre. Mais, bientôt, l'aspect de la contrée se modifia. Des tranchées, longeant des monticules réguliers, barraient la route. Une sentinelle nous arrêta et nous demanda nos papiers ; un autre soldat nous pria de bien vouloir le transporter dans notre carriole ; il s'assit sur le plancher usé du cabriolet et ses pieds s'appuyèrent sur le marchepied. Il nous dit que la veille, l'on avait arrêté une auto conduite par des officiers allemands, déguisés en anglais ; la sentinelle avait tiré sur la voiture lancée à toute vitesse et avait tué sur le coup un des espions. Les yeux du jeune fantassin s'allumaient de haine et son langage vif se colorait d'expressions énergiques.

Nous nous enfoncions dans la zone des forts extérieurs de la place d'Anvers. Quel contraste poignant, entre les paisibles pâturages de Hollande où broutaient des vaches rousses, et cet amoncellement de décombres, le long de la route défoncée ! Les grands chênes, dont les rangs ininterrompus s'allongeaient jusqu'à notre demeure, gisaient, abattus le long des talus piétinés. Par endroits, les maisons et les fermes étaient nivelées à ras du sol ; certaines places avaient été tellement bouleversées par les pioches et les mines qu'il était difficile de ressusciter par l'imagination, l'aspect ancien des lieux métamorphosés. Les nécessités de la défense s'imposaient impérieuses et impitoyables. Si nous n'avions pas rougi de regretter des choses détruites quand tant d'hommes disparaissent et souffrent, des larmes eussent bientôt brouillé notre vue. Ces endroits habités jadis s'étaient transformés en un désert lamentable, comme si un cataclysme eût balayé les maisons et rongé le sol, comme si une malédiction céleste, incompréhensible, se fût abattue sur la région morte. Mais, dans cette solitude ravagée, des traces de vie, de prospérité ancienne émergeaient encore.

La plupart des maisons avaient été nivelées ; là-bas, les murs défoncés soutenaient le squelette d'un toit sans tuiles ; ailleurs, des pierres noircies et des débris calcinés s'entassaient. La place exiguë où, jadis, des êtres heureux prospéraient et s'aimaient, était marquée par une tache rouge de briques pilées, et devant un fort lointain s'étendait une immense avenue neuve, toute droite.

Au trot lourd de notre cheval noir, nous longeâmes la propriété de M. H. dont l'aspect m'avait bouleversé à ma première visite. Les derniers vestiges de vie, qui attestaient l'amour et les soins dont le parc était entouré, avaient disparu à jamais. L'arbre géant, qui s'élevait encore au milieu des ruines, n'existait plus ; il m'eût été impossible de fixer sa place, dans la plaine sans limites, entre les troncs minces des buissons coupés. A quelques centimètres du sol, des fils de fer neufs et brillants se croisaient; les restes des bricaillons s'étaient noircis sous la pluie et la boue ; le rosier oublié, jadis blanc et rond comme un immense bouquet paysan, s'agglomérait en une boule brune de pétales morts, pourris et humides.

Mais le cheval, fouetté, allongeait son trot pesant ; le panorama lamentable se déroulait avec rapidité et notre attention était sollicitée, sans cesse, par un nouvel aspect de ces lieux bouleversés. A la bifurcation de deux routes, se confondaient les murs de la gendarmerie à moitié effondrés; le toit avait été abattu; des meubles gisaient pêle-mêle dans un champ proche et des masures, vouées à une destruction certaine, s'adossaient à la grande bâtisse, comme pour se faire oublier, minuscules et humbles. Je me retournai plusieurs fois pour admirer l'étrange silhouette de cette ruine neuve qui se dressait, dans la solitude, en face d'un moulin aux ailes brisées.

Mais une angoisse qui annihilait toute curiosité et absorbait toute notre émotion nous tenaillait et s'exacerbait, tandis que nous approchions de notre demeure: notre habitation aimée avait-elle été épargnée par le fléau? Les grands hêtres dont les branches se touchent et dont les feuillages serrés s'arrondissent en dôme, nous les imaginions déjà abattus, avec les rameaux secs et morts; nous voyions déjà la grille or et noir, renversée, brisée, avec les pointes hérissées et tordues.

Nous nous arrêtâmes pour laisser descendre le soldat qui nous remercia, en touchant du bout des doigts sa calotte ronde. La lenteur du cheval m'exaspérait. Quand nous arrivâmes au dernier tournant, mon cœur battait à se rompre. Un espoir me soutenait : une observation me calma. Nous sortions de la région dévastée : à deux cents mètres de chez nous, la maison d'un paysan subsistait, paisible, intacte, encadrée de tilleuls taillés au cordeau. Lorsqu'enfin, j'aperçus nos arbres debout, notre villa au toit compliqué, épargnée par la rafale, je me réjouis comme du sauvetage d'un être vivant, et je m'amusai du sourire des passants qui se moquaient de notre grotesque équipage.

Sans doute, mon devoir strict eût-il été de ne pas m'attarder en ces lieux où me retenaient des sentiments personnels et des souvenirs. Mon devoir ne me commandait-il pas de rentrer à Anvers par le premier train et de retourner au chevet de mes blessés. Mais, vous l'avouerais-je, je ne songeai guère à eux, à cet instant-là ; la force du passé m'attachait ici. L'attraction des lieux que l'on habite longtemps est étrange et impérieuse ; l'amour du toit natal semble souvent une faiblesse ; mais aujourd'hui il ne faut pas entraver ces élans là qui avivent notre patriotisme.

J'étais soumis à une sorte d'instinct et je n'obéissais à aucune idée définie et raisonnée. Les arbres, les pelouses, les fleurs m'émouvaient autant que des êtres. Le petit poney rentrait de la gare, en trottinant ; il s'ébrouait ; qu'il était donc risible et ridicule avec sa queue trop longue et son ventre qui s'affaissait entre les jambes courtes !

En me promenant, je rencontrai, par hasard, la paysanne qui, au début de la guerre, entourée de ses enfants, avait prononcé des paroles simples et sublimes. Tandis que mon esprit s'était modifié peu à peu et qu'en moi-même l'espoir, la crainte, le découragement, l'exaltation, la haine, le sang-froid, la pitié avaient lutté sans cesse, elle ne s'était pas transformée. Elle n'avait pas quitté cette sérénité consolante des vieilles gens auxquels l'existence a enseigné, insensiblement, la résignation douce et le stoïcisme. Elle balançait toujours sa tête fine, et les deux ailes blanches de son bonnet amplifiaient ce hochement imperceptible. La lenteur pénible de son débit et la déformation des mots débités par la bouche édentée, m'imposaient un grand effort pour la comprendre.

— « Que voulez-vous, répéta-t-elle, nous avons vécu heureux ; le bonheur n'est pas éternel ; beaucoup déjà sont morts. Tenez, le fils du paysan Klaas, vous savez bien, a été tué à Haelen. Il avait dix-neuf ans ; ses parents se sont saignés aux quatre membres pour lui, et maintenant qu'il aurait pu les aider, car ils ne sont pas riches, voilà qu'on le leur enlève. N'est-ce pas terrible ? »

Je dévisageai, interloqué, la figure ratatinée de la vieille : elle ne trahissait aucune émotion, et un doute m'accabla ; la belle sérénité de cette femme, que j'avais crue intelligente, ne masquaitelle donc que de l'insensibilité et de l'égoïsme?...

Au jardin français, les dernières roses fleurissaient et se dressaient au-dessus des pétales tombés. Les ornières humides se tapissaient d'une mousse vert tendre ; un petit marronnier, deux feuilles larges et plates au bout d'une tige mince, se blottissait au pied d'un grand arbre. Les dômes des hêtres et des chênes étaient déjà rongés par la rouille automnale. Dans le lointain, se heurtaient les mille teintes variées des feuillages, des nuages et du ciel. Dans les larges chemins, semés de gravier bleuté, les feuilles tombées, recroquevillées et sèches, dansaient une sarabande ; elles tournaient en rond, en un tourbillon effréné, puis s'affaissaient tout à coup, comme si elles eussent été alourdies de plomb ; un nouveau souffle de vent les faisait frissonner et elles se relevaient, roulaient sur la terre, s'accrochaient aux brins d'herbe ; et elles étaient ainsi plus vivantes que jadis, épanouies et vertes au sommet des arbres. D'habitude, l'on balayait les allées et nous étions privés du rare spectacle de cette résurrection ; de coutume les jardiniers consciencieux taillaient et attachaient aussi les plantes vivaces, les phlox, les reines-marguerites et les dahlias qui se mêlaient et se serraient maintenant, confondus avec les herbes sauvages et hautes.

Cet épanouissement inattendu de la nature qui

se prive de nos soins et qui nous convainc par sa force vivace, de l'inanité de nos efforts et du pouvoir destructeur de la plupart de nos actes, m'humiliait comme une insulte.

A la porte d'une villa voisine j'aperçus de loin une sentinelle qui veillait. Je ne la connaissais pas ; mais la vue de cet homme me rappela les paroles héroïques et encourageantes de son prédécesseur, qui nous avait tous réconfortés par cet ordre net : « Vous n'avez pas peur, n'est-ce pas ? » Par ses simples mots, il nous avait dicté notre devoir ; il avait raffermi notre courage. Celui-ci portait le même uniforme et je m'imaginais retrouver le même personnage.

Je m'approchai du soldat. C'était un petit homme gras, trapu et rougeaud ; il avait déposé son fusil à côté d'un broc de bière ; il ne marchait pas de long en large, pour se donner du mouvement et se désennuyer ; mais, d'un air maussade, il se balançait sur ses jambes épaisses et écartées, sanglées dans des bandes molletières qui s'effilochaient ; son regard se perdait dans le vague. Je le réveillai de sa torpeur ; il me regarda d'un air stupide et immédiatement, sans préparation, il déversa ses lamentations. Il ne se plaignait pas d'avoir quitté sa femme aimée et ses enfants ; il ne regrettait point de ne pas se battre, mais, tout bonnement, sans honte, avec une franchise désarmante, il se lamentait du manque de sommeil, de la mauvaise qualité de la bière et de la monotonie de sa garde interminable...

Après avoir erré toute la journée, à l'aventure, dans la campagne, par les pelouses inégales, dans les bois de sapins où, dans la clairière étroite fleurissaient les bruyères roses, je rentrai, le soir, à la villa. Dans le hall orné de carrelages bleus, je rencontrai les officiers cantonnés à la maison. Un commandant d'une quarantaine d'années, grand et svelte, achevait une cigarette à bout doré ; il suivait, du regard, les spirales de sa fumée opiacée. Un lieutenant vigoureux et jeune, la poitrine large, serrée dans une tunique ouatée où brillaient deux rangées de boutons neufs, feuilletait une revue. Un médecin, type classique du médecin de campagne flamand, la figure joufflue, le nez irrégulier, était assis, immobile, les jambes croisées, dans un fauteuil d'osier. Le commandant me présenta à ses collègues.

La conversation, d'abord languissante, s'anima peu à peu ; d'autres officiers vinrent se joindre à nous. Nous nous mîmes douze à table.

Cette soirée, que je passai en compagnie d'hommes intelligents, à l'esprit vif et au dévouement prompt, me réconforta. Ces militaires, de grades différents et de milieux variés, réunis par les hasards du billet de logement, ne se connaissaient guère, au début de la campagne; mais tous ils se donnaient corps et âme à une cause unique : la défense de la patrie ; et ce devoir, aussi puissant que l'amitié, les unissait déjà par des liens indestructibles.

Jadis, pourtant, les parois étanches des castes les eussent séparés ; les nécessités et les préjugés de la vie les auraient éloignés les uns des autres. Pourquoi le gros médecin de campagne, vulgaire, bruyant et bon enfant, ne méprisait-il plus la nonchalance et la distinction froide du commandant, jeune encore, mais déjà grisonnant, qui fixait un monocle dans l'orbite arquée ? Comment l'ex-employé, un peu lourd, aux gestes compassés, à l'esprit méthodique, eût-il aimé l'activité, le goût du risque de cet autre officier de carrière, — revenu récemment du Congo, — brusque, combattif, violent, le masque bronzé, énergique et dur? Comment ce jeune lieutenant silencieux, songeur, isolé longtemps à la campagne, rêvassant, commentant les philosophes et goûtant les poètes, jugeait-il la mentalité nouvelle de la guerre qui ne récompense et ne célèbre que l'action brutale, qui révèle à tous notre caractère vrai, qui stimule la bravoure, l'énergie et la décision prompte, qui nous enseigne l'humiliation, non pas sans but, comme certaines religions, en réfrénant notre ardeur, mais pour des raisons éternelles et justes, parce que l'homme isolé est impuissant et parce que tout être ici-bas, n'est qu'un rouage infime d'une organisation formidable : l'armée, aujourd'hui ; la société, demain et toujours.

Nous bavardâmes de mille sujets différents, chacun agrémentant la conversation de l'apport de son expérience et enrichissant ce sujet commun : la guerre. Le philosophe rêveur tentait de discerner les causes humaines et générales du cataclysme ; il nous citait Spinoza, afin de nous éclairer sur la mentalité de nos ennemis. « Nous voyons donc qu'il peut arriver que ce que « l'un aime, l'autre le haïsse et ce dont celui-« ci a eu peur, l'autre n'a pas peur, et qu'un « seul et même homme aime maintenant ce qu'il « haïssait auparavant. » Le médecin considérait la guerre comme une expérience psychique qui nous apprendrait la résistance de l'homme, la force brutale des races opposées et, en une seule année, enrichirait plus l'humanité de sciences et de connaissances nouvelles que vingt ans de bonheur et de paix.

Le « Congolais » nous contait les aventures extraordinaires de son séjour en Afrique. Ces faits d'armes nous semblaient prodigieux et exceptionnels, comme si nous n'avions pas vécu au milieu d'hommes qui risquent leur vie sur les champs de bataille tout proches. Mais, d'instinct, nous admirions davantage cet ancien soldat, parce qu'il avait été intrépide et brave, lorsque l'héroïsme n'était pas encore un devoir et le courage, une habitude.

Après dîner, nous nous installâmes au hall transformé en une sorte de bivouac confortable. Je vivais ici dans la maison paternelle, dans la chambre où nous nous réunissions en famille. Pourtant, j'avais l'impression d'être transporté bien loin de mon milieu habituel. Maintenant, nous parlions tous à la fois ; le médecin criait pour se faire entendre et le Congolais, en discutant, frappait du poing sur la table. Ces militaires, cantonnés à la maison, se sentaient chez eux et j'étais seul, moi, un étranger.

Nous riions tous bruyamment ; nous fumions comme des Turcs ; le « fonctionnaire » étendit ses jambes sur un fauteuil de brocart jaune.

— La guerre ! la guerre ! hurlait le « Congolais », elle peut durer cinq ans, six ans, je m'en f... L'homme, N. de D... ! est fait pour se battre.

Et il remplit son verre de vieux cognac doré, en levant le coude ; la bouteille passa de main en main ; le niveau du liquide baissa vite dans le flacon vert. Nous vidâmes tous nos verres d'un trait, en avalant l'alcool par grandes gorgées, sans en humer le parfum, à la housarde !

Dès la première heure, le lendemain, le poney trottinant me conduisit à la gare ; je contournai, comme de coutume, la maison communale, à l'escalier trop raide, aux étonnantes et disgracieuses statues de la Justice et de la Science. Je fus arrêté par la sentinelle qui plaça horizontalement son fusil, au bout duquel brillait une baïonnette. Comme toujours, les autos, les fourgons, les officiers, les soldats, quelques civils, des fonctionnaires grouillaient, se heurtaient, se mêlaient, se bousculaient au quartier général du village.

A la gare, à Anvers, je fus englouti dans une cohue agitée et active. J'arrivais en même temps qu'un train sanitaire. En assistant à ce pénible déchargement de pauvres soldats broyés par la guerre, j'eus l'impression qu'un immense lac de sang, alimenté par l'ennemi embusqué derrière Malines et Termonde, montait, se gonflait jusqu'à nous submerger tous.

Des brancardiers soulevaient, avec d'infinies précautions, des hommes dont les plaies saignaient ; les figures tannées par le soleil, salies par la poussière, se crispaient en de poignantes grimaces. Souvent, à la descente du train, l'on jetait une couverture grise sur un moribond et le transport de cette masse inerte, à forme humaine, évoquait un primitif convoi funèbre. Sous la laine maculée de taches de sang, gisait parfois un cadavre; mais les infirmiers manipulaient, indifféremment, cette chair humaine, vivante ou morte. Au milieu des voyageurs qui se hâtaient, des bagages qui passaient, réunis en un équilibre instable sur des voiturettes à trois roues, lourdes et plates, les blessés les moins touchés se traînaient, marchaient en groupes. Un instant, ils s'arrêtaient devant un vieux général très galonné, encadré de deux jeunes officiers qui les interrogeaient et leur remettaient un billet griffonné sur la couverture de toile cirée d'un carnet. Un caporal se mettait à la tête d'une petite troupe d'êtres minables qui descendaient en claudiquant le large escalier de pierre ; devant la petite porte basse du viaduc, ils s'entassaient dans des voitures d'ambulance; ils traversaient la ville au trot pénible des chevaux fatigués, et ils allaient s'échouer dans des hôpitaux déjà bondés. Quelques-uns portaient des paquets difformes, d'autres étaient chargés de leur fusil. Un homme, un bras en écharpe, soutenait, de son membre valide, un soldat qui boitait.

Sans discontinuer, les soldats soumis, malgré e urs souffrances, aux ordres militaires, se rassemblaient sur le perron ; les civières étaient rangées dans l'ascenceur qui servait d'habitude à la descente des colis ; un employé manœuvrait un levier et la cage s'enfonçait dans le sol, doucement, avec régularité.

L'agitation n'énervait personne ; la compassion ne paralysait aucun des travailleurs ; la discipline imposée par les officiers, l'ordre et la méthode des brancardiers, toute cette insensibilité apparente, en face de tant de douleur et de misère, me révoltait, me choquait et je me persuadais, de plus en plus, de la férocité de la guerre qui, non contente de réclamer sans cesse des holocaustes humains, nous interdit, comme une faiblesse, la pitié déprimante et l'émotion néfaste.

CHAPITRE IX

DANS LA FOURNAISE

De la gare encombrée, je suivis un convoi de blessés, à l'ambulance du Jardin Zoologique, toute proche. Pendant mon absence, le drapeau s'était encore terni davantage et la croix rouge, déteinte, se confondait presque avec le fond gris et sale de l'étoffe molle, qui s'affaissait le long de la hampe. A la porte, les gardes civiques veillaient toujours, ennuyés et las.

Ce matin-là, l'ambulance bouillonnait d'activité ; le vaste hall, où les lits s'alignaient, rappelait une usine en plein travail et je m'étonnai de nouveau, de l'indifférence apparente devant le malheur du prochain. Quelques convalescents nettoyaient le plancher à grande eau ; une nurse, penchée sur un lit, la longue taille ployée à angle droit sur les jambes interminables, bandait un bras troué par une balle de shrapnell. Pressée, elle ne se souciait guère des geignements du patient qu'elle encourageait par des paroles banales, répétées. A la salle d'opération, le chirurgien se hâtait et concentrait toute son attention sur la parcelle de chair malade et tuméfiée de la victime étendue, pâle et sans connaissance, sur l'établi de verre.

La gaîté des infirmières, les plaisanteries des médecins me choquaient infiniment. Je ne devinais pas la prodigieuse énergie dépensée ici chaque jour ; chacun s'exténuait à vaincre la douleur dans les corps endoloris ; mais chacun s'efforçait aussi d'extirper des cerveaux et des cœurs les idées déprimantes et les regrets superflus. Ne convenait-il pas d'admirer cette puissance des hommes qui dominent leur sensibilité, soulagent, travaillent, mais ne s'apitoient pas ? Cette attitude est exceptionnelle ; toutefois, je ne me trouvais pas dans la disposition d'esprit désirable pour m'associer à un pareil sacrifice, car je m'étais déshabitué de ces spectacles.

Au passage, je serrais des mains amies, moites de fièvre. Je m'informais de l'état de mes plus chers patients. Je fus surpris du mouvement constant dans lequel nous vivions. Bien des changements s'étaient accomplis à l'ambulance, en huit jours seulement. Le clown était parti ; guéri, il était allé rejoindre son dépôt ; la dernière après-midi de son séjour à l'hôpital, il avait chanté sans discontinuer des airs gais et des mélodies tristes qui s'enchevêtraient et décelaient ses pensées changeantes ; et, comme tant d'autres que nous avions sauvés de la mort proche, il était allé s'exposer de nouveau à ses coups. Et, en songeant à cet homme exceptionnel qui peut-être expirait déjà sur un nouveau champ de bataille, je mesurais l'inanité de nos efforts et l'aveuglement de la guerre.

Sur la terrasse, je rencontrai mon jeune peintre, à la peau mate et aux yeux brillants, toujours tranquille, las, craintif et doux ; il souffrait sans se plaindre. Il se mouvait avec difficulté, et ses rêves, son grand amour et ses ambitions impossibles occupaient toutes ses pensées lentes. « Mon général » était mené, ce matin-là, à la salle d'opération ; la nuit précédente, la fièvre avait monté et elle avait tracé un cerne noir autour de ses yeux battus. L'infirmière suivait les deux brancardiers qui transportaient le patient juvénile ; il souriait comme d'habitude.

De nouveaux venus occupaient nos lits vides. Non loin de la porte d'entrée, l'on avait installé un soldat qui « dormait le jour et divaguait la nuit. » Son infirmière ne le quittait pas. A dix heures du soir, la nurse blonde enfonçait le dard de la seringue à morphine sous la peau exsangue. Il se calmait peu à peu ; les bouffissures de son visage se détendaient et sa respiration se régularisait en sifflant. Dans son demi-sommeil, il revivait des heures de tendresse et d'amour ; il était grisé par une volupté subtile et forte que son organisme vigoureux et rudimentaire ignorait sans doute. Mais la congestion cérébrale se calma bientôt et il regretta sa souffrance et le soporifique qui l'intoxiquait et l'élevait dans le monde imaginaire des sensations malsaines et rares.

Sur une autre couche, un gros homme, accablé, était enfoui sous ses couvertures. Une balle avait effleuré son front et un éclat d'obus avait traversé la cuisse ; mais cet ancien marin se plaignait seulement de son immobilité au lit, et, dans son inconscience, il se lamentait du silence des vagues. A son réveil, après un long engourdissement, il jouait, comme un enfant, avec des coquillages ; il les touchait, les caressait, les fouillait, en respirait l'odeur saline, puis, soudain, sa main se détendait, sa tête chavirait et il continuait son somme. A midi, à grandes gorgées, en gonflant ses joues avant d'avaler, il buvait une tasse de bouillon où il laissait tremper de gros morceaux de pain qu'il happait, en inondant ses draps de graisse.

Dans le réfectoire, les convalescents entouraient un soldat bedonnant, vêtu d'une veste trop étroite dont les boutonnières avaient craqué. Les yeux scintillaient, écrasés entre deux bourrelets de chair ; sa tête lourde s'appuyait sur le renflement d'un double menton et d'un cou gras et court ; le ventre encombrait ce petit être, comme une monstrueuse difformité, comme une enflure phénoménale, soutenue par des jambes courtes, toujours écartées. Etrange, bavard, insolent, cet ancien brasseur râflait toutes les bouteilles de la table et il étourdissait ses amis par d'interminables dissertations concernant la bière, sa préparation, ses qualités et ses inconvénients ; quand on l'interrogeait sur sa blessure ou sa maladie, il riait, en tordant sa bouche en demi-cercle, il désignait sa bedaine étonnante qu'il caressait avec amour de ses doigts boudinés :

— « Comment, disait-il, voulez-vous qu'on se batte avec ça ! »

Sa jovialité, son abord sympathique réjouissaient tout le monde et nous lui pardonnions volontiers sa roublardise, son impertinence et sa faconde.

Mais une question me brûlait la langue : que sont devenus nos deux moribonds, le grenadier qui se raidissait en une attitude martiale, même en face de la mort, et le soldat agonisant qui remplissait la salle des cris rauques de son délire ? J'avais peur d'interroger, de savoir ; d'instinct, je reculais la minute nécessaire de la certitude. Par lâcheté, je prolongeais mon angoisse ; j'allai lentement, de chevet en chevet, à la recherche de mes malades. Ni l'un ni l'autre ne reposaient plus à leur ancienne place. Le lit du beau grenadier était vide, les couvertures pliées en quatre, le long des barreaux de fer. Au premier étage, la chambrette faite de paravents mobiles avait été démolie. L'on change souvent les patients de rangée, pensais-je. Je refoulais l'appréhension qui montait et je me cabrais devant le malheur possible.

Comment m'imaginer ces deux hommes-là raides, exangues, dans leur cercueil ? Nous nous sommes habitués peu à peu à la mort violente, mais nous la tolérons seulement dans le décor des châmps de bataille. Là, des hommes sont broyés, fauchés, déchiquetés ; la mort foudroie et des héros expirent. Mais ici, à l'ambulance, nous ne l'admettons point ; nous luttons contre elle seule. Elle rôde et nous l'éloignons, elle se rapproche et nous la maîtrisons. A force de la vaincre cent fois, nous croyons que la défaite est impossible. Mais elle guette toujours, insinuante, brutale, rapide ou tenace ; contre sa puissance incompréhensible, nous ne sommes armés que d'un bistouri aigu, de quelques médicaments et d'un peu de patience.

Je circulais lentement entre les lits. Je me penchais vers des malades endormis qui respiraient lentement, avec régularité comme des enfants qui sommeillent ; plusieurs se blotissaient en boule comme des hérissons, les jambes repliées, la tête enfoncée dans les épaules. Je saluais, sans m'arrêter, mes blessés favoris ; plusieurs essayèrent d'ébaucher une conversation ; je leur répondais par monosyllabes ; j'étais talonné par l'impatience plus déprimante qu'un chagrin. Ma fébrilité et ma hâte déconcertaient mes amis ; je fixais une seconde mes regards sur chacune de ces figures, émaciées par la souffrance, mais tannées et brûlées encore par le grand air et le soleil. Je ne répondais pas quand un blessé m'appelait à voix basse... Il ne me reste plus qu'un rang à parcourir et, d'un puissant et absurde effort de volonté, comme un noyé qui sombre, je m'accroche à un espoir impossible : là sont réunis les fiévreux atteints de grippes bénignes ou de rhumatismes intermittents ; ce n'est pas ici que je retrouverai mes mourants. Je ralentis le pas, comme pour retarder l'instant où la vérité s'imposera irréfutable, où je ne pourrai plus la vaincre par l'espérance chimérique et les raisonnements aléatoires.

Pendant mes huit jours d'absence, j'avais apprécié l'ampleur, l'acuité, les émotions fortes de la vie. Mon esprit s'était détendu dans le calme et la joie simple qui s'épanouit ailleurs, malgré la guerre. Le petit soldat qui râlait, mais vivait, il y a quelques jours encore, dans sa chambrette de toile, ne goûterait donc plus la douceur d'exister ; le grand grenadier, qui avait été ébranlé déjà par la passion forte et la volupté consciente de sa puissance, ne connaîtrait plus jamais le noble orgueil de la domination et de l'amour. Ni l'un ni l'autre ne seront plus soulevés par ces extases incompréhensibles, subtiles et puissantes qui haussent l'homme au-dessus de lui-même. Le beau grenadier était une valeur sociale productive et précieuse. Dans le cercle étroit de son village, le petit soldat blond utilisait ses facultés et ses vertus médiocres : mais la guerre qui gaspille, a détruit ces deux forces nécessaires : l'instrument d'élite et la machine vulgaire.

Voilà les pensées qui m'occupaient. Je m'efforçais pourtant de dominer ma raison et de refréner les extravagances de mon imagination. Au hasard, sans guider mes pas, je franchis le seuil du réfectoire. Un groupe de soldats épluchaient des pommes de terre. Accroupis, les jambes croisées, la tête penchée en avant, vêtus tous de vestons défraîchis, d'uniformes déteints ou de vestes de flanelle rouge qui coloraient ce tableau d'écarlate et de vermillon, les hommes travaillaient avec rapidité. Les épluchures s'élevaient au milieu du groupe en un monticule de spirales ; les pommes de terre, prêtes, blanches, luisantes, comme écorchées vives, remplissaient des baquets pleins d'eau. Les soldats causaient et la courte lame des couteaux de cuisine bougeait et brillait entre leurs doigts épais. Un refrain sentimental s'élançait, se prolongeait, hésitait et s'éteignait sur une note basse, comme un chant mortuaire. Ailleurs, on jouait aux cartes. Penchés sur leur papier, des convalescents écrivaient, calligraphiant des lettres rondes ou griffonnant des pattes de mouches.

Voilà — je ne veux pas en croire mes yeux — — qu'au milieu de cette salle familière et pittoresque, un revenant se dresse devant moi, la tête ronde et tondue, la face maigre, labourée de creux ; le ton vif d'un foulard rouge noué autour du cou accentue la pâleur du visage ; les yeux d'un bleu très clair, sans éclat, regardent dans le vide, comme privés de lumière et de vie. L'homme est là, debout, flageolant sur ses jambes grêles. Les doigts, longs et minces, bosselés aux jointures, se crispent et les oreilles de parchemin s'écartent du crâne, au contour précis. Cette vivante tête de mort se contracte en une grimace qui exprime la joie : deux bourrelets de chairs comblent l'excavation des joues, deux lèvres minces, droites, à peine visibles, s'arquent puis se détendent.

Une voix d'outre-tombe, tour à tour caverneuse et sifflante, articule en haletant :

— « Ah ! vous voilà revenu. Avez-vous fait bon voyage ? »

L'étonnement et l'émotion me paralysaient. Pour me convaincre de son bonheur de vivre, le soldat, sauvé par miracle, déformait son visage par un sourire macabre qui plissait la peau tendue sur les pommettes. Et le revenant plaisantait :

— « Oui, regardez-moi bien, c'est moi ; j'ai déliré, pendant huit jours, dans la chambrette de la galerie. Touchez-moi, je suis bien vivant ! »

Et, d'un mouvement machinal, le soldat sauvé tâtait ses jambes flasques, tordait entre ses doigts sa chair insensible qui rougissait à peine. La bouche moulait des paroles que le cerveau anémié concevait mal.

— « Hein, je vous ai fait peur, n'est-ce pas ? Je m'amuse ainsi à effrayer les camarades et ces dames les infirmières. Si vous saviez comme c'est rigolo !... »

Une grimace nerveuse, dénuée de toute expression humaine, bouleversa sa face d'abruti que le délire n'illuminait plus.

En moi-même luttaient et se confondaient des sentiments fugitifs et contradictoires : la satisfaction, l'étonnement, une frayeur insolite et incompréhensible, le malaise du miracle, le mécontentement de m'être inquiété sans raison et le reproche de ne pas me sentir emporté par une joie plus vive. Tout à coup, cette absence d'émotion forte me convainquit, comme une révélation, de mon indifférence réelle pour cet homme médiocre. Que m'importait sa vie ou sa mort, sa maladie ou sa guérison ? Ce revenant grotesque dont la mâchoire proéminente mastiquait dans le vide, me dégoûtait et m'irritait peu à à peu.

Seul, l'autre combattant, le beau et viril grenadier m'intéressait. Où gisait-il, celui qui avait gardé intacts sa dignité et son sang-froid ? Disparu ou guéri ? Le sort illogique a-t-il frappé l'homme vigoureux et vaillant, en sauvant l'être chétif et borné ? Je détestais de plus en plus le ressuscité macabre dont la voix de crécelle m'énervait ; ma haine s'alimentait de la certitude déprimante de la mort de l'autre.

Mon impatience m'entraîna. Sans prudence, devant un blessé lucide et fiévreux, j'interrogeai une garde-malade. L'infirmière secoua doucement la tête et les ailes de sa coiffe blanche ondulèrent sur ses épaules ; elle s'éloigna de son patient et me répondit par un flot de paroles afin de me dissimuler son émotion.

— « Il ne fallait pas me questionner devant cet homme. Il épie notre conversation ; il a été agité par le mouvement insolite de l'ambulance et hier notre abattement l'a troublé.

— Ah ! *il* est mort...

— Oui, il n'y a pas vingt-quatre heures.

— On n'a pas pu le sauver ?

— Le poumon touché s'est enflammé ; hier matin, le chirurgien a opéré de nouveau ; il espérait encore, la blessure n'était pas mortelle ; le pauvre grenadier a échappé à la pleurésie qui le menaçait, mais le cœur n'a pas résisté. La dernière fois, c'est à peine s'il a divagué sous l'effet du chloroforme. On l'a ramené au lit. Il était immense, étendu sur le brancard ; il avait plié son bras sur la poitrine, comme à sa première apparition ici, mais ses yeux restaient clos ; son pouls battait encore ; inconscient, il a vomi, en entr'ouvrant à peine les lèvres, puis il a respiré doucement jusqu'à cinq heures de l'après-midi...

Le grenadier était beau à son arrivée ; qu'il était majestueux et grand dans son cercueil ! Il reposait dans l'annexe de la pharmacie transformée en chambre mortuaire. Les fioles et les bocaux étaient cachés sous un linge ; le vitrage de la porte avait été couvert par un carton arraché à l'entrée et, sur un fond blanc, se détachaient les lettres rouges : « Le silence est de rigueur ». Le mort remplissait toute la pièce. Son corps s'allongeait sur un lit étroit et modeste. Sa tête s'enfonçait dans un coussin mou où la marque, une minuscule croix rouge, ressortait comme une tache de sang. Le corps puissant était gaîné dans l'uniforme bleu dont les boutons luisaient ;

la poitrine, trouée de balles, émergeait, massive et large, des plis du drapeau belge ; les bras repliés étreignaient l'étoffe. Les mains, très blanches, à peine gonflées, résillées déjà de quelques veines bleues dans la peau transparente, se détachaient sur le fond noir. Le soldat était superbe ; la souffrance n'avait pas ravagé ses traits. Son masque rigide n'était pas abîmé par l'expression veule et détendue de ceux qui, avant de disparaître, ont accepté la défaite et la déchéance. La mort ne le trahissait pas et ne l'enlaidissait point. La tête nue était marquée d'une petite blessure et l'on s'imaginait que ce coup en plein front avait abattu le géant, et cela simplifiait et embellissait sa fin héroïque.

Sur une table brûlait un cierge dont la clarté était absorbée par la vive lumière du jour. Ce symbole nous rappelait l'insignifiance d'un soldat dans la mêlée actuelle. Des palmiers au feuillage fuselé cachaient de leur verdure les barreaux du lit d'hôpital. Des reines-marguerites mauves et blanches, serrées en couronne, vivaient seules dans cette chambrette imprégnée des odeurs mêlées du formol, des produits pharmaceutiques, du cadavre et des fleurs. Dans le lit de fer reposait, inerte à jamais, un corps magnifique d'athlète, bâti pour vivre cent ans.

L'après-midi, quand je revins à l'ambulance,

un fourgon, attelé de deux chevaux harnachés de cuir, stationnait à la porte, près d'un véhicule chargé de paniers à linge. Dans le couloir désert, gardé à chaque bout par un infirmier, je croisai quatre soldats, la manche cerclée du brassard de la Croix Rouge. Sur leurs épaules s'appuyait une longue caisse de bois blanc au couvercle aigu. Le fardeau pesait ; en marchant, les hommes ployaient les genoux. Ils passèrent vite ; à peine eus-je le temps d'enlever mon chapeau, d'incliner la tête et d'évoquer la présence du mort qu'on enlevait.

Les roues du fourgon résonnèrent dans la rue et le pas lourd des chevaux s'éloigna.

Dans la pharmacie ouverte, le lit défait et le drapeau chiffonné attestaient la hâte des croque-morts. Par terre, la couronne de reines-marguerites se fanait ; le verre des quelques fioles découvertes luisait ; sur la table, la bougie, empanachée, le matin, d'une flamme jaune, s'était éteinte ; une mèche charbonneuse pointait, tordue, et une coulée grasse de cire durcie maculait le bougeoir d'argent.

Maintenant, les autres menus faits de notre vie quotidienne nous semblaient insipides et nous laissaient indifférents. A la longue, la douleur physique, la fièvre qui monte, les faces qui se crispent ne nous bouleversent plus, car ces manifestations sont limitées et toutes semblables; et en somme, elles nous diminuent.

Dans leurs baignoires, les éclopés éreintés se sentaient renaître à la vie; ils rentraient dans le monde civilisé, pensant, où d'autres soucis que l'extermination de l'ennemi vous préoccupent. Quelle volupté que de s'étendre dans un lit aux draps rugueux mais frais, de se reposer sans appréhension, de se débarbouiller, de dîner sans hâte.

Ces soldats qui venaient des champs de bataille nous faisaient participer à leur lutte et à leur héroïsme. Ils nous racontaient leurs prouesses; ils avouaient leur crainte; ils détaillaient leur malheur. Nous nous sentions alors transportés loin de notre hôpital tranquille et sûr. Nous assistions aux combats; les narrateurs bavards nous décelaient leur caractère; les uns rageaient, féroces et impondérés; d'autres, accablés par la fatigue, étaient si las qu'ils ne leur restait même plus la force d'en vouloir à nos ennemis. La plupart des nouveaux arrivés, enveloppés au sortir du bain d'un peignoir blanc, revivaient, une seconde fois, pour nous, les épisodes des batailles.

Un jour, nous arrivèrent trente éclopés qui, tous, revenaient du même endroit. La lutte avait coûté beaucoup d'hommes à notre armée et l'escarmouche s'était même terminée par une sorte de débâcle partielle : un bataillon, en reculant, avait été précipité dans un canal. La fantaisie, l'exaspération, la joie de ces hommes sauvés par miracle, se déchaînaient comme une folie et tous ils se remémoraient les mêmes faits, sous des aspects divergents, avec des commentaires contradictoires. Ils perdaient la tête, leur raison s'égarait et une prostration stupide les anéantissait.

« Avant la chute dans le canal, la mêlée fut chaude, je vous le jure, me dit un jeune universitaire blême, grelottant de fièvre. En face, l'ennemi nous pressait, nous fauchait par ses mitrailleuses, en avançant pas à pas. Derrière nous, dans notre dos, l'eau tranquille, lisse, profonde, nous barrait la retraite. Ceux qui « savaient » se battaient en désespérés, préférant une balle à la noyade lamentable et vulgaire. Mais, déjà, nous ne nous dominions plus ; des fuyards couraient et tombaient ; l'ennemi débordait la troupe. C'était la retraite restreinte certes, mais stupide, démoralisante et mortelle qui commençait. »

Deux blessés, ramassés loin du lieu du combat, renchérissaient et complétaient ce récit tragique et, nus, la tête toute mousseuse de savon, la peau ruisselante d'eau, ils évoquaient la grandiose horreur d'un enfer dantesque. Ils ressuscitaient des événements qui vivaient dans leur mémoire et dominaient encore leurs nerfs; leurs émotions se propageaient et nous ne noús étonnions pas de la contradiction entre le tragique poignant de leurs récits et leur attitude actuelle.

— « Au début de la bousculade, dit l'étudiant, les hommes désemparés ont coulé à pic, comme du plomb ; les suivants se sont débattus quelques minutes dans l'eau qui, déjà, par places, se maculait de sang. Le sifflement habituel des balles allemandes se terminait, tout à coup, par un bruit mou et bref de liquide remué. D'autres balles touchaient les nageurs à la tête. Aussitôt, une minuscule tache rouge sombre naissait, devenait plus vive, s'étendait, puis se ternissait et se diluait. Quand de nombreuses plaques se furent ainsi superposées et jointes, le canal se teinta par places d'une couleur verdâtre et brune, indéfinissable et horrible. Dans ce mélange d'eau et de sang, les hommes s'exténuaient ; les derniers, les plus désespérés, s'accrochaient à leurs compagnons, mais aussitôt la masse molle s'enfonçait et le mort coulait avec le vivant. Des soldats appelaient, se querellaient, se soutenaient et la grêle des balles tombait autour de nous.

« Vous ne sauriez vous imaginer l'étrange sensation de froid, d'horreur et d'impuissance qui me submergeait. J'ai été poussé à l'eau par mes camarades et je me suis dit : « Ton compte est bon. » La chute vous broie, comme si vous heurtiez un corps dur; on se ressaisit, on lutte, on espère ; mais l'étoffe se colle à votre peau, les vêtements vous paralysent, on est entraîné vers le fond par une force plus forte que votre propre volonté. Les êtres résignés se laissent choir et ne résistent pas. Mais moi je voulais vivre : je regarde autour de moi, mon cerveau s'exalte, des pensées multiples et déréglées m'assaillent, les souvenirs émergent, l'espoir me fouette.

« Autour de moi, des bras battent l'air; des yeux se révulsent; des mèches de cheveux tombent sur des visages défaits et toujours, sans discontinuer, le bruit de grêle des balles ennemies. Près de moi, un regard implorant me sonde et m'appelle : un chien qui a pu se dételer de sa mitrailleuse nage à mes côtés; mais l'animal est atteint; déjà, ses mouvements se raidissent. Entre deux coups de pattes espacés, il plonge et remonte à la surface, renifle l'air qui s'engouffre avec l'eau dans sa gueule ouverte. J'ai suivi le chien ; toute ma pitié, toutes mes pensées se sont concentrées sur lui; j'ai atteint la rive opposée du canal; mais le molosse n'a pas eu la force de se hausser sur la terre où les doigts des hommes sauvés s'étaient crispés et avaient creusé de minuscules empreintes dans le sol mou ; il s'est noyé en émettant un aboiement plaintif et modulé, doux comme un cri humain... »

Les survivants de cette désastreuse rencontre étaient fiers, comme d'un privilège, de leur sauvetage exceptionnel ; ils semblaient en vouloir presque aux rescapés qui amoindrissaient ce miracle en y participant. Le lendemain, nous apprîmes que, sur cinq cents hommes, cent seulement s'étaient noyés dans le canal. Nous nous réjouîmes de la modicité relative des pertes qui, en des temps moins héroïques, nous eussent bouleversés comme un cataclysme.

A l'ambulance, les rumeurs de défaite se répercutaient maintenant, plus nombreux et plus sonores que les clameurs de victoire.

Les hommes nous arrivaient aux plus mauvaises heures de dépression, exaspérés par le voyage et l'attente, démoralisés par des retraites qu'ils ne comprenaient pas.

Quelle abnégation quasi impossible n'exigeait-on pas des officiers et des soldats astreints à sortir d'une ville animée, sûre, où, en somme, il fait encore bon vivre ! Aux terrasses des cafés, les bourgeois paisibles sirotent leurs liqueurs, hument la bière et causent, sans émoi, de la guerre. Dans les rues tranquilles, les enfants jouent en s'esclaffant ; ailleurs, au centre de la cité, de jeunes femmes, faciles, qui dévisagent effrontément les hommes, s'attardent, se promènent en se balançant sur leurs jambes un peu épaisses et elles éveillent le désir des soldats dont la guerre simplifie les sensations aiguës. Mais demain, avant le lever du soleil, quand la campagne environnante est encore tout enveloppée d'un voile gris qui, peu à peu, se dilue et se lève, la troupe frappera de son pas lourd les ponts de bois des fortifications. Les hommes abandonnent la sécurité ; ils quittent des parents ; ils marchent à la rencontre de l'ennemi. Dans le brouillard, émergent des arbres abattus, des maisons détruites dont les cendres étendent des plaques noires dans les champs. Parfois, au milieu de cette colonne, un bruit sourd, répété, éclate. Un nuage de poussière, alourdi de parcelles dures projetées, broie et balaie quelques soldats. Qu'est-ce ? Rien. Des obus viennent de creuser un trou dans la chaîne vivante ; la marche se poursuit, plus dissimulée et plus prudente.

Dans quelques jours, personne ne l'ignore, l'armée, en rentrant, longera les mêmes murs calcinés et elle frôlera les troncs des mêmes peupliers brisés qui se dressent dans le ciel gris comme des géants sans bras. Mais beaucoup ne repasseront pas ; dans le bruit, le sang, les artilleurs auront tué, saccagé ; les fantassins se seront défendus comme des bêtes exaspérées, traquées et féroces. Les timides et les indécis se demandent : Pourquoi ces sacrifices, ces avances, ces reculs, ces piétinements ? Ils hésitent, ils doutent, mais ils se battent tout de même...

Un soldat exténué, les yeux fixes sortant des orbites, me conta, un matin, les lamentables et poignants épisodes de sa fuite. Il parla d'une voix traînante, avec des arrêts brefs, tandis que je frottais un dos maigre, où les côtes saillaient, où l'épine dorsale dessinait une ligne aux crêtes aiguës et irrégulières.

— « Nous nous défendions depuis deux heures, dans des conditions désastreuses ; pas d'abri, un terrain plat comme la main, où la mitraille pleuvait. A la longue, le petit bruit strident et rapide de la balle qui passe ne vous émeut plus ; et l'on estime avec un sentiment suffisamment précis de la réalité, l'endroit où éclatera l'obus. Je n'étais pas grisé par le combat, ni totalement assourdi par le bruit des canons. J'avais, Dieu merci ! gardé mon sang-froid. Les hommes intelligents qui savent raisonner et juger évitent les dangers inutiles. Nous avançâmes d'abord par un grand bond, sans perdre trop de monde. On croyait bien les tenir, les Boches ! Mais voilà qu'ils s'écartent, comme un rideau qui s'ouvre, et nous démasquent leurs mitrailleuses. Notre première ligne s'écrase ;

notre masse fond ; deux amis tombent l'un sur l'autre, à mes côtés, et leurs corps se heurtent en se renversant. Près de moi, les buissons, les herbes, comme les hommes, vont être abattus, nécessairement, méthodiquement, par la trombe d'acier. Comment se sauver de cet enfer ? Reculer ? A quoi bon ! Les plombs sifflent comme un vent aigu. D'instinct, je me jette à plat ventre. Sous la rafale, des milliers d'idées bouillonnent dans mon cerveau. Tout à coup, une inspiration miraculeuse m'éclaire. Résolument, certain d'échapper à la mort, je me porte en avant. Mes genoux écrasent des mottes de terre et mes mains s'enfoncent dans un sol mou. Au-dessus de moi, le faisceau des balles meurtrières longe mon dos et une sorte de courant d'air bref me frappe au visage. Je m'approche davantage des machines grinçantes ; je bifurque vers la gauche ; le sifflement s'éloigne, diminue, s'éteint ; je suis sorti sain et sauf de la zone de dispersion des projectiles.

« Mais on nous ordonne bientôt la retraite, humiliante comme un soufflet et nécessaire ici comme une fatalité.

« Derrière moi, plus loin, la compagnie fondue court vers un petit bois où, déjà, les obus allemands nous devancent ; mes camarades s'affaissent et s'égrainent.

« Les combats les plus meurtriers sont moins

désastreux et cruels que ces reculs, par groupes compacts. « Là-bas, à cet arbre — se dit-on — je serai à l'abri. » On court vers le but, mais là aussi les balles pleuvent toujours. On serre les coudes, comme pour puiser chez le voisin une confiance qui vous abandonne. A-t-on trébuché : l'on se hâte de rejoindre le gros de la troupe. Ah ! quelle folie ! Cette habitude saugrenue et instinctive a coûté la vie à beaucoup de combattants. L'ennemi repère de loin cet essaim mouvant d'insectes confondus. Les obus encadrent la petite troupe. En avant, un obus laboure le sol ; en arrière, un autre éclate et s'enfonce ; des deux côtés, les explosions s'approchent, avec leur bruit d'éclatement net et de terre projetée. Puis, la marmite crève au milieu du groupe, renverse des hommes, broie les jambes, ouvre les crânes ; maintenant l'ennemi suit la troupe à la piste ; le tracé de sa marche est marqué par les fondrières des bombes et les monticules des corps étendus.

« D'instinct, j'aurais couru vers mes amis et je serais tombé, comme les autres, à la lisière d'un petit bois qui traçait une ligne noire sur la plaine lisse. Je réfléchis une seconde et je changeai d'avis. Sans me hâter, tantôt debout, tantôt accroupi, je rampai dans un chemin de terre. Ne pas attirer l'attention de nos adversaires est mon unique et poignant souci qui bande mon attention et mes nerfs. Je me dissimule ; je maîtrise par le raisonnement la force impérative qui me pousse en avant.

« Au loin, un carré de froment, que les paysans n'ont pas moissonné, étend une nappe jaune au milieu des champs ternes. Je vais me cacher, là-bas, invisible, inexpugnable, sous les épis. Je me dresse, je cours à toutes jambes, le vent me fouette le visage. J'attends le sifflement des balles allemandes dont la nuée va me poursuivre. Je piétine et m'embourbe dans des prairies humides et grasses, coupées de fossés dissimulés que bordent des bouleaux racornis ; des cépées, droites et neuves, jaillissent en bottes des troncs bosselés, à l'écorce ridée. Mon cœur bat la chamade, ma respiration halète ; j'approche, j'arrive, je me jette à plat ventre dans les épis, comme une bête traquée dans son terrier.

« Ici, je me sais invisible, ma sécurité me paraît absolue. Dans une subite détente nerveuse, la certitude de vivre m'exalte, me réconforte, me baigne dans le bien-être. Mon corps lourd brise des brindilles qui craquent et j'écrase des herbes frêles qui entourent, comme la verdure d'un bouquet, des touffes de coquelicots et de bluets isolés. Je suis noyé dans une mer d'épis qui s'élèvent droits, raides, vidés par le vent du poids des graines éparpillées. Près du sol, les tiges brunes sont rongées par l'humidité de l'automne précoce et je respire à pleins poumons l'odeur forte de terre et de pourriture mêlées...

« Peu à peu le bruit de la bataille s'éteignit et, bientôt, le son du canon ne fut plus qu'un roulement de tonnerre lointain. Le jour tomba et le vent du soir fit bruire les épis qui murmuraient une mélopée monotone. Des impressions multiples jaillissaient, s'effaçaient pour renaître aussitôt ; je grignotai du pain durci. Distraitement, je cueillis une fleur dont je suçai la tige et ma bouche se remplit d'une saveur piquante et douce. Je ne réfléchissais plus ; quand j'étirais mes membres raidis, une douleur voluptueuse et vague ébranlait mon épine dorsale et longeait, comme un chatouillement, mes jambes et mes bras... Je m'endormis en humant les fades odeurs qui montaient de la terre humide.

« Tout à coup, je sentis sur ma poitrine une main qui me tâtait ; je jetai un cri qui se confondit avec un éclat de rire concentré et bas ; mon voisin, un « lignard » égaré, me rassura aussitôt ; il m'interrogea sommairement et se renseigna sur le sort de ma compagnie.

— « Si on tentait, maintenant, de rejoindre les copains ? me demanda-t-il avec simplicité. »

« La nuit nous entourait, comme si nous eussions été plongés dans un four noir ; les blés se serraient autour de nous ; les chaumes émettaient des craquements révélateurs. Nous marchâmes quelques minutes ; nous nous appelions de temps à autre, dans l'obscurité ; mais bientôt, le champ s'anima et se remplit de vie ; près de nous, des pas broyaient les tiges. Un sifflement strident et net fendit l'air comme une fusée :

— « Ça sent le Boche, fit mon compagnon, sans s'émouvoir. Il vaut mieux se terrer ici jusqu'au matin. Moi, je vais roupiller ; toi, tu monteras la garde ; bonne nuit, mon vieux ! »

« Mon camarade s'allongea à terre et ne bougea plus.

« Une sorte d'énervement inexplicable me terrassait. La nuit m'épouvantait invinciblement ; peu à peu, les nuages se dissipèrent, s'écartèrent, comme dans un décor d'opéra ; une lune très pâle laissa filtrer une lumière blanche entre les jointures des cumulus et des dragons et, autour de moi, les tiges s'argentèrent. Mon ami qui avait la tête appuyée contre la terre humide dormait d'un œil ; une secousse le réveilla en sursaut ; sa main s'agrippa à mes mollets, me secoua, et m'arracha à ma rêverie. Au même instant, les épis s'écartèrent et, devant nous, deux Boches se dressèrent, les épaules larges, la figure plate. Mon camarade recule de deux pas, en épaulant son fusil. »

Ici, le narrateur s'interrompit une minute ; un groupe d'infirmiers et de convalescents l'entouraient, suspendus à ses lèvres.

—« Les deux gaillards, sans armes, lèvent les bras. Cependant, mû par un mouvement réflexe de surprise, le doigt s'est crispé sur la gâchette. Le coup est parti ; l'air a été ébranlé par une détonation ; des gerbes se sont brisées ; en esquissant un moulinet de ses bras étendus, l'un des Boches est tombé en arrière avec un bruit de masse lourde ; l'autre Allemand fuit et sa tête semble rouler sur la mer des blés égaux.

« Le corps géant, aux épaules démesurées, reste étendu, à nos pieds, dans un creux mou de paille tordue et de froment brisé. Instantanément, une idée absurde et pénible martèle notre cerveau. Cet homme respirait et se dressait ici, vivant, il y a quelques secondes ; il gît mort, maintenant. Cet Allemand n'est plus qu'une masse insensible, encore molle dont le sang se fige dans les veines... La capote marquée au côté d'une morsure minuscule, s'imbiba et s'ourla de sang. En détournant la tête, mon voisin tâta l'artère carotide parmi les tendons et la graisse du cou :

— Mort ! répéta-t-il.

« Sa voix se modulait en un tremblement nerveux et le mot bref se crispa en un grognement.

« Le silence et la nuit nous isolaient du monde. Sans doute, les devoirs, les sensations imposées par la guerre ne s'étaient-il pas encore incorporés à notre être, malgré notre rage et notre haine ; les scrupules des jours de paix montaient à l'assaut de notre mentalité nouvelle ; es préjugés anciens nous asservissaient. Nous avions tué un homme et notre conscience ne nous absolvait pas.

« La figure de mon compagnon se détachait, dans la nuit, livide, comme la face du mort. « Allons, assez d'enfantillages ! » fit-il, en se redressant. Mais, aussitôt, comme attiré par le cadavre, il retomba à genoux en froissant les épis. Il joignit les mains ; ses lèvres bougèrent; il marmotta une prière en baissant la tête, puis il ferma les yeux de sa victime. Il souleva les bras, croisa les mains épaisses sur la tunique défraîchie : une alliance brilla entre des bourrelets de graisse, à l'annulaire.

« Nous nous levâmes. Un jour gris naissait; les lointaines limites du champ se perdaient dans le brouillard. Sans hésitation, sans appréhension du danger guetteur, nous marchâmes à grands pas, écartant les blés qui nous couvraient jusqu'à la ceinture. Bientôt, le vent matinal nous apporta l'écho des obus qui ébranlaient l'atmosphère de brèves commotions et le rappel brutal de la réalité nous libéra du remords comme d'un mauvais rêve. »

CHAPITRE X

AVANT L'AGONIE

Un jour, après une nouvelle évacuation de Malines par nos troupes, arriva à l'ambulance un petit médecin actif, trottinant, boiteux, obèse et jovial, échappé d'une bourgade conquise par l'ennemi. La goutte paralysait ses jambes et ankylosait ses genoux ; pourtant, il dédaignait l'appui des béquilles, claudiquait et sautillait sur un pied en se hâtant. Il réconfortait et soignait ses malades et palliait d'habitude la dureté de son regard énergique et perçant par un sourire qui tendait ses lèvres épaisses et distendait ses traits irréguliers.

Le médecin avait subi le joug allemand, il avait été emprisonné dans le cercle de fer des batailles ; seuls son intelligence et son sang-froid l'avaient sauvé d'une mort ou d'un exil certain. Il nous contait volontiers ses avatars tragiques, mais il ne discernait plus la grandeur de ses aventures et la qualité de son dévouement. Un sentiment unique le dominait et nourrissait tout son être : la haine de l'ennemi, le mépris de l'envahisseur. Simple et bon enfant, il dissimulait sa finesse tendre sous des dehors nonchalants et bourrus ; il n'assommait pas les oppresseurs d'injures sonores, mais il les jugeait et les fustigeait de sarcasmes précis.

— « D'abord, nous dit-il, nos paysans n'ont pas cru à l'approche des Allemands ; pourtant, les plus incrédules furent bientôt convaincus. Des uhlans, en reconnaissance, sillonnaient le pays, par groupes ; ils s'arrêtaient à un estaminet, à la bifurcation de deux routes. A longues gorgées, ils ingurgitaient un verre de bière qu'ils payaient comptant, en faisant sonner les pièces de nickel et d'argent. Puis, il demandaient « Wasser » en désignant leur monture. Les bêtes harassées, dont les naseaux palpitaient, tendaient leur cou vers un seau d'eau fraîche. Le luxe du harnachement émerveillait les serveuses : aux oreilles, les chevaux portaient des plaques de métal où l'aigle impérial, en relief, déployait ses ailes ; à l'arrière de la selle, une petite bande de cuivre brillait. Sur le poitrail du cheval se balançait une martingale lisse et un peu d'écume blanche adhérait au cuir.

« Depuis quelques jours déjà, le canon grondait comme un tonnerre lointain. Mais une nuit, soudain, le bombardement se rapproche ; les vitres tremblent et le tintement aigu des carreaux ébranlés couvre, pendant quelques minutes, l'accompagnement de la canonnade. On a l'impression que la terre elle-même ne résistera pas à l'avalanche et un vent de terreur balaie le village. Les hommes, les femmes, les enfants, le bétail se ruent vers l'extérieur, se bousculent, et une masse noire d'êtres apeurés va se perdre dans les champs voisins. Chez eux, les villageois craignent l'ensevelissement sous les décombres et dans leurs chambres closes, l'impression de manquer d'air les affole. Des gerbes de feu, comme des paquets d'étoiles, montent dans le ciel ; les étincelles se perdent parmi les arbres, descendent, tombent, roulent, éclatent et cent langues de feu lèchent le sol qu'elles illuminent : le tumulte augmente ; les ronflements modulés, les roulements confus, les martellements précipités, les coups de massue dans l'air, les détonations brèves, longues, aigüës, basses se mêlent en un vacarme satanique, en une prodigieuse musique d'orchestre. Et les heures s'écoulent dans l'attente des événements qui ne se réalisent pas.

« Au lever du jour, le fracas semble diminuer ; en réalité, nos nerfs, seuls, se calment ; avec la nuit, nos craintes se dissipent et chez la plupart une prostration invincible annihile et confond tous les sentiments. Les rares accalmies du bombardement nous déconcertent maintenant, comme une anomalie ; le silence passager pèse, insolite. »

Le médecin s'étira sur la chaise-longue où il s'était étendu pour passer sa nuit de garde ; il ploya sa jambe douloureuse, en esquissant une grimace qui arqua ses sourcils épais et dilata ses narines larges et il poursuivit :

— « Dès le lendemain, la plupart des villageois vinrent réintégrer leur domicile. Dans les champs, des paysans, placés en sentinelle, guettaient l'ennemi. Sans prudence, poussés par la curiosité, ils s'approchaient des lignes de feu ; plusieurs furent tués. Mais à chaque nouvelle alerte, la troupe des pauvres êtres s'ébranlait. Les récits des atrocités allemandes hallucinaient les imaginations. Les fuyards ployaient sous le poids des vêtements, des objets disparates empaquetés, pêle-mêle, dans des draps noués. Les femmes allaient s'abriter dans un village voisin ; les hommes, moins apeurés, se cachaient dans les champs.

« Après quelques heures d'absence, les fugitifs réapparaissaient un à un. D'abord, un gamin circonspect et agile, dépêché en éclaireur, longeait les premières maisons, en se dissimulant ; bientôt, il rebroussait chemin ; il faisait signe au groupe suivant et, peu à peu, le village se repeuplait d'une foule exténuée qu'une appréhension maladive tenaillait. Cet exode précipité, suivi d'un rapatriement imprudent se renouvela cinq ou six fois. Peut-être, aurais-je aussi obéi aux ordres absurdes de la panique si la goutte ne m'avait cloué sur place, si des blessés — entre autre un prisonnier allemand dont le transport était impossible — ne m'eussent retenu.

« Je me trouvais seul avec les vieillards, les blessés et les infirmes, quand un petit détachement d'infanterie bavaroise vint camper sur la grand'place. Un commandant et quelques officiers s'installèrent à la maison communale. La canonnade avait cessé ; il faisait beau ; l'après-midi était orageux et je prévoyais une averse dans la soirée. Je m'étais assis sur une chaise de paille, à ma porte, la jambe allongée. Et j'attendis. Un officier me remarqua, fixa un binocle sur son nez court et s'approcha de moi. Ses lèvres épaisses, aux contours nets, donnaient à son visage une sévérité et une dureté que les traits mous et les yeux bleus très clairs semblaient démentir. Il mêlait des mots français aux expressions de son dialecte indigène et s'imaginait parler flamand. Il me dit que je serais rendu responsable de tous les attentats commis contre les Allemands, au village ; il planta une sentinelle à ma porte et s'éloigna, en se dandinant sur ses jambes écartées à la manière des jockeys et des maquignons.

« Vers six heures, un jeune aide-major allemand vint rendre visite à mes blessés. C'était un bon petit homme timide qui portait sans grâce, comme honteux, l'uniforme allemand. Il n'examina pas mes malades et n'adressa point la parole à ses compatriotes. Il murmura : « Gut, gut » (Bien, bien) et il m'interrogea minutieusement sur ma pharmacie ; je dus lui montrer mes instruments chirurgicaux. Il me demanda à boire, sans arrogance ; je lui versai du vin blanc dans un grand verre à eau. Nous arrêtâmes les dispositions indispensables à l'arrivée des blessés attendus, puis nous causâmes médecine, pendant que le jour tombait et accentuait, dans ma salle à manger basse, les contours du buffet de chêne et de la table massive.

« Tout à coup, dans la pénombre, apparut un robuste commandant allemand ; il s'immobilisa une seconde, encadré dans le chambranle de la porte ; le sous-lieutenant se dressa, comme mû par un ressort, joignit les talons et porta au képi les doigts qui se raidirent.

— Ah ! c'est vous le médecin qui séquestrez les blessés allemands? fit-il, penchant son torse en avant et appuyant ses mains lourdes sur le dossier d'une chaise.

Mais, du tac au tac, je ripostai :

— Je ne suis pas un geôlier, *moi*, Monsieur !

« Et je martelais les mots et mes yeux se rivaient sur la large figure rouge du commandant qui bafouilla et s'embrouilla aussitôt. En vain s'efforça-t-il de se donner une contenance et de masquer la retraite précipitée que ma fermeté lui imposait. Ses gros doigts tambourinèrent sur la table et avancèrent tels de larges tentacules jusqu'à la bouteille qu'ils agrippèrent. L'officier versa lentement dans un verre propre le vin blanc qu'il huma ; il but, en gardant, un instant, une gorgée dans sa bouche ; ses joues se gonflèrent et il dodelina de la tête d'un air satisfait. Puis, d'un mouvement automatique et brusque, tout d'une pièce, il se tourna vers l'aide-médecin. Ses sourcils se froncèrent, les mots, à moitié avalés, saccadés, se précipitèrent en avalanche et souffletèrent le subalterne. Colérique et sec, il renversa le verre ; la boisson s'épandit sur la table, en ternissant le chêne ciré. Mais, sans s'émouvoir, le subordonné salua, joignit les talons et quitta la chambre.

— « Votre vin — dit le commandant — est trop bon pour ce galopin-là ! »

« Et, tourmentant sa face sévère par un sourire obséquieux et contraint :

— « Avez-vous encore une bouteille, mon cher Docteur, nous trinquerons ensemble. »

« En me quittant, il congédia la sentinelle clouée à l'entrée de ma demeure et fit griffonner par un caporal sur ma porte : « Gute Leute ; bitte schonen » (Bonnes gens ; prière de les épargner). Il appliqua sa signature illisible, parée d'un paraphe prétentieux, au bas des petites lettres pointues, irrégulières et maladroites qui dansaient une piteuse sarabande.

« Mais, le lendemain, pendant une grossière perquisition,lorsque j'osai invoquer la protection officielle de mon inscription, le sous-officier de service haussa les épaules et assaisonna un juron sonore de l'appréciation irrévencieuse : « Dummes Zeug » (des bêtises) et passa outre.

« Pourtant, autour de nous, la lutte faisait encore rage ; les Belges revenaient à l'assaut ; je distinguais les voix diverses de la bataille : prenantes et compréhensibles comme d'humaines interjections.

« Un soir, le tumulte exaspéré des canons, des fusils et des mitrailleuses fut submergé par une clameur inarticulée, par un aboiement rauque et bestial qui me glaça littéralement les membres ; les hurlements des soldats dominaient maintenant la voix insensible des engins. Peu à peu, ces vociférations sans âme, mêlées aux trépignements et au cliquetis, se modulèrent. D'indicibles grognements sortant des entrailles perforées, d'inexprimables cris naissant dans des cerveaux chavirés, remplirent ma chambre de plaintes, de râles et d'appels de détresse... A la suite d'une brillante charge à la baïonnette, les nôtres venaient de reprendre mon village... »

Ainsi les récits des fugitifs, les rencontres des soldats, les fournées de blessés las, les convois de réfugiés, tout, jusqu'à l'atmosphère de guerre qui enveloppait Anvers, nous rapprochait de la bataille. A l'assaut prématuré, affirmait-on, d'un des forts du sud, quinze cents ennemis s'étaient effondrés sur la plaine coupée de haies et de fossés à sec. Des soldats prétendaient avoir ramassé des casques à pointe et des fusils allemands. Mais des officiers démentaient ces faits sensationnels.

Dans notre cercle familial, des amis « bien informés » colportaient les nouvelles de victoires inventées et de défaites imaginaires ; ces bruits opposés ne s'inspiraient guère de la réalité, mais ils nous révélaient le caractère de chacun, l'optimisme béat ou le pessimisme irraisonné. Les uns prévoyaient l'attaque générale ; les autres niaient même la possibilité d'un bombardement. Le soir, quand la ville, plongée dans le noir, s'assoupissait, nous nous échauffions, en discutant ces questions passionnantes et oiseuses : nos nerfs vibraient sans cesse et nos sensations évoluaient par sursauts.

Mais des bourgeois apathiques vivaient encore dans le calme et l'instabilité de notre état ne les alarmait point. Sans doute, plus tard, quand les Anversois évoqueront les derniers jours avant l'attaque ennemie, le bombardement et l'exode

— le plus dantesque épisode de ces jours d'angoisse — ils exagéreront leurs appréhensions et leur surexcitation nerveuse, ou bien, ils accentueront leur sénérité grandiose et leur insouciance voulue. Dans dix ans, ces gestes contradictoires et ces opinions divergentes se figeront en une attitude unique qui sera, devant l'histoire, l'attitude définitive d'Anvers avant sa chute.

J'ai tâché de fixer et de préciser l'évolution de ma ville natale. Dans son ensemble la courbe en est harmonieuse : soumise aux événements tragiques, fructifiée par la douleur, presque constamment maîtresse d'elle-même, soulevée d'abord par un espoir absurde, alimentée ensuite par la flamme de haine, souffrant sans se laisser abattre, se soutenant par la joie, s'éperonnant par l'action, Anvers s'est montrée l'égale de toutes les villes héroïques.

Au lieu de noter avec simplicité et exactitude les événements des dernières journées, il conviendrait de développer ici un poème que je ne saurais écrire. Un historien lucide analyserait peut-être nos sensations opposées : la confiance, l'énervement, le calme. L'artiste et le savant associés glorifieraient le passé et prévoieraient l'avenir. En toute simplicité, je veux revivre les heures d'agonie qui furent belles. Elles enrichissent la ville d'une semaine de douleur et la contraignent à une stimulante humilité. Ah ! comme elle se dressa virile, noble, forte, unie et désintéressée, au milieu du flot montant et de l'orage déchaîné !

Les désirs et les impressions personnelles se soudent aux émotions et aux espoirs de la foule. Chaque heure diffère de l'heure précédente et chacune renferme le mystère d'un événement capital. Notre sang est fouetté, notre impatience bout, haletante ; le courage et la crainte se disputent notre être et nous ravissent à notre coutumière médiocrité ; nous croyons avoir grandi et nous nous imaginons plus précieux, mais notre vie ne vaut rien et notre agitation s'use, inutile.

Ici, à l'apogée de la tragédie où vont s'accumuler des faits, des espoirs et des sensations, je renonce à coordonner ces lignes. Maintenant, le chaos va régner en maître : qu'importe la signification des actes que nous ne contrôlons plus ! Dans les périodes tranquilles et lentes de la vie, les événements se succèdent et ne se confondent pas ; les impressions se déduisent des faits et notre esprit s'arme de logique. Mais, à présent, tout l'être est bouleversé ; les barrières sociales s'écroulent ; les obus vont semer la mort et engendrer la panique. Alors, les épisodes, les pensées se mêlent, s'effacent ou jaillissent, sans goût et sans raison. La vérité, exigeante et sommaire, succombe sous la rafale des visions. Des souvenirs évoqués se heurtent et se contredisent.

Ainsi le bombardement et la chute d'Anvers s'agglomèrent en une matière disparate et précieuse ; le sublime et le ridicule se juxtaposent ; des préoccupations mesquines étouffent des soucis surhumains. La pitié s'exaspère, puis s'émousse ; l'espoir monte comme une fièvre. Sous la pression ennemie, Anvers se débat, s'illusionne, se raidit comme un moribond condamné, macabre et grandiose.

Deux jours avant l'écroulement des premiers forts, à l'entrée de notre maison, se dressa soudain le spectre vivant de la guerre, et ce présage personnel nous convainquit du danger proche.

Sur le boulevard, un rassemblement d'hommes, de femmes et d'enfants entourait une auto délabrée. Cet empressement et cette curiosité étaient justifiés par l'aspect lamentable de la voiture. Nous rencontrions bien des véhicules minables, usés, ternis par la boue, éraflés par les balles, les phares bosselés, les cuivres rongés et noircis, les garde-boue tordus, les vitres étoilées et striées de brisures. Jamais je ne vis une machine plus abîmée, plus émouvante et plus grotesque que notre ancienne voiture bleue qui revenait du champ de bataille. La couleur avait déteint en un indéfinissable mélange d'outremer, de vert et de gris; au pare-brise d'avant, deux trous étaient percés dans la glace, comme par une vrille ; sur la tige du volant touchée par une balle s'étalait une tache pareille à une ecchymose. Le côté droit du capot enlevé par un éclat d'obus laissait à nu les organes de la machine qui s'étalaient, compliqués et gras ; les arceaux de bois de la capote se ployaient comme des membres brisés.

Écartant la foule qui l'entourait, le chauffeur courut à notre rencontre :

— « Je suis vivant et j'ai sauvé la torpedo, s'écria-t-il, en nous tendant spontanément la main. »

Sans nous permettre de l'interroger, le mécanicien nous désigna les centaines de trous, presque imperceptibles, creusés par la mitraille. L'arrière était criblé; des crins tordus et frisés s'échappaient en touffe des blessures des coussins.

— « Ils ne m'ont pas eu, les Boches !

« Hier, dit-il, on s'est battu pas bien loin, à vingt bonnes minutes d'ici. J'attendais, à l'arrière, le retour d'un officier d'état-major. Je fumais tranquillement, à l'abri d'un mur, à cent mètres de ma voiture. Voilà, tout à coup, je ne sais trop comment ça s'est fait, l'ennemi avance et la grêle de projectiles s'abat sur l'auto abandonnée. Je m'élance pour sauver la guimbarde; mais c'est long, cent mètres sous le feu ! Il faut se garer; je me jette d'abord à plat ventre, derrière un talus minuscule, où je me sens invisible. Les plombs sifflent sans jamais me toucher; à la longue, accoutumé au danger, je me crois invulnérable ; je risque un pas vers la voiture, mais les Allemands avancent au même moment.

« Je m'arrête : un mur de balles serrées me barre la route. Une salve, une avalanche, un enfer ! Je recule et je reste paralysé dans mon fossé, derrière les herbes basses. Si j'avais osé, peut-être aurais-je battu en retraite, abandonnant l'auto que la mitraille criblait. Mais sortir de mon abri c'était la mort. M'appuyant sur le sol, pressant ma tête contre la terre humide, je n'ai plus bougé ; j'ai attendu la fin de la rafale.

« Quand les coups se sont espacés, soudain au hasard, j'ai émergé de mon coin et j'ai fait un bond en avant, vers l'auto bleue, immobile et solide comme une petite forteresse, sur la route proche. Cent détonations précipitées m'assourdissent ; les Boches me ratent dans mon saut; me voilà, maintenant, accroupi derrière ma machine, protégé par l'acier du chassis. Il ne me reste plus qu'à grimper sur le siège. Mais patientons : un petit bruit sec avec un craquement de bois, c'est une balle qui vient se loger dans la carrosserie ; un tintement plus sonore, c'est du plomb qui s'écrase sur le capot.

« Dieu merci ! le soir tombait ; les arbres, à l'horizon, s'éloignaient ; l'ombre de la torpedo s'allongeait sur la route ; le gris vert de mon uniforme taché de boue se confondait maintenant avec la teinte de la brume et des feuilles. « Risquons le coup », me dis-je. Je plie les jarrets, j'arque le dos ; d'un bond, je suis sur le siège et mes mains s'agrippent au volant. Quelle dégelée ! Quelle pétarade de détonations précipitées ! La nuit m'enveloppe.

« Toute mon attention se concentre sur la mise en marche automatique, ma main s'appuie sur le minuscule levier de cuivre et je guette la trépidation du moteur. D'abord, un ronronnement irrégulier hésite et s'enfle, puis, un grincement et un arrêt. Deux cylindres trépident et halètent avec des à-coups brefs qui m'effrayent comme les saccades du cœur. Enfin, je roule, je dévale, je m'élance dans le noir, sur la route pavée ; la voiture penche, je heurte des pierres et un pneu crevé me fait faire des embardées folles. Le crépitement des fusils s'éloigne. A chaque instant, je cours le risque de me rompre le cou. A gauche et à droite, de larges taches sombres marquent les trous forés par les obus dans le terrain plat.

« J'ignore comment vingt fois je n'ai pas fracassé ma machine. Je fonce dans la nuit, comme un fou. Mais voilà que le moteur cogne et des ratés bruyants, scandés, angoissants comme des convulsions, se succèdent et se multiplient. Un chantonnement monotone mais aigu accompagne le ronflement. Je boite sur deux cylindres qui, faibles et lents, semblent traîner un poids surhumain. Prudent, malgré moi, je rampe sur la route étroite, creusée de fondrières..... Une heure après, j'étais arrêté à un poste belge par une sentinelle intelligente. La mécanique, en se détraquant, a eu le bon esprit de me sauver la vie. »

Le chauffeur ne nous laissa pas le temps de le féliciter ; nous n'eûmes pas le loisir de le gronder de son imprudence et de son amour insensé pour sa voiture délabrée. Déjà, sa main gauche se posait sur le volant ; la main droite pressa le caoutchouc de la trompe qui mugit comme une bête atteinte. Des bouffées d'une fumée écœurante et lourde s'échappèrent par saccades, se réunirent en un nuage lourd et enveloppèrent les jambes des curieux attroupés ; la sirène grinça, assourdissante. En démarrant, l'auto frôla la foule et, bientôt, au bout du boulevard, la voiture blessée, perdue parmi les piétons et les véhicules, ne fut plus qu'une petite masse grise qui glissait sur le macadam, suivie d'une traînée de poussière blanche.

Dès le surlendemain, les premiers obus ennemis ravagèrent le fort de Wavre-Sainte-Catherine. La veille, en allant nous coucher, nous ouvrîmes nos fenêtres, vers le sud. D'abord, le silence absolu, mystérieux dans la nuit, semblait remplir l'espace. Puis, en tendant l'oreille, on saisissait un bruit léger, comme une voix indistincte ; de nouveau, le silence s'étend. Notre imagination, un peu surexcitée, nous a-t-elle trompés ? Mais peu à peu, notre ouïe s'habitue et s'affine. A intervalles réguliers, nous percevons la rumeur nette du canon ; la vibration du coup s'est amortie dans cet air immobile dont on croit sentir la pesanteur. Un malaise inconscient, qui plane et se propage, ébranle les êtres les plus froids et les plus courageux. Par le murmure de nos conversations, nous dominons sans peine ce son à peine perceptible; mais cette voix obsédante va s'enfler, se multiplier, se développer, déchirer les tympans, abattre des maisons, jusqu'à ce qu'elle nous ait imposé, par sa volonté de fer, la domination provisoire de l'ennemi rapace.

A cette heure, à nulle autre pareille, nous nous sommes réunis en un nouveau conseil de famille. Il y a un mois, nous nous étions préoccupés de l'éloignement des enfants, maintenant, nous nous soucions d'éviter aux vieillards l'ébranlement périlleux d'émotions trop fortes. Mais les personnes âgées qui ne tiennent plus à la vie sont obstinées. Seule, une parente de quatre-vingt-quatre ans, très lucide, intelligente et douce, consentit à s'expatrier. L'on me chargea, de nouveau, des soins du voyage. Accompagné de la petite-fille de cette dame respectable à qui l'admiration et l'amitié m'attachent, je devais me rendre en Hollande, m'absenter quelques jours seulement et revenir aussitôt.

Nous ignorions que, dès cet instant-là, le 28 septembre, à trois heures de l'après-midi, quand le premier obus s'abattait sur la coupole de Wavre-Sainte-Catherine, Anvers était touché au cœur... J'allais m'éloigner tandis qu'à mon insu la mort s'approchait de ma ville natale. *Alea jacta est...*

CHAPITRE XI

LA CHUTE

La ville, que je quittai le matin, était assoupie dans le calme. Déjà, devant l'Hôtel de Ville, sur la Grand'place, encadrée par les anciennes maisons flamandes dont les ors brillaient, la foule se pressait, apathique et docile. La gare, surchargée de sculptures et de rosaces, est morte. Sous le hall arqué, les rails vides tracent deux lignes parallèles entre les quais déserts et s'enchevêtrent aux aiguillages lointains. Dans toutes les directions — la route de la Hollande exceptée — les locomotives lancées iraient s'écraser sur le mur de l'armée allemande. Aucun convoi de blessés n'est attendu. A l'écart, notre train stationne, minable, long, isolé. Deux gendarmes vérifient nos papiers ; ils ouvrent nos bagages ; des vêtements, du linge, des dentelles remués et mêlés émergent ; nos objets précieux et intimes sont manipulés et tâtés par des doigts épais et le couvercle des malles se rabat sur un inextricable et piteux désordre.

Si j'avais prévu l'avenir, si j'avais su que je ne franchirais plus l'enceinte de ma ville, des appréhensions, des regrets, des remords m'eussent étreint et deux devoirs contradictoires se seraient opposés en moi-même. Mais je ne m'attendais pas à une reddition si prochaine : je me souciais seulement de réunir des valises éparpillées ; je soutenais la vieille dame à la marche lourde, et nulle idée ne me préoccupait.

Combien de fois, dans mon enfance, n'avais-je pas voyagé par ce train d'Anvers à la campagne ! Je ne regardais même plus les paysages familiers qui s'encadraient, mouvants, dans la vitre : l'eau qui croupit au pied des fortifications, les champs plats, les prairies où les vaches ruminent, le canal peuplé de chalands.

Aujourd'hui, tous les compartiments étaient encombrés de paysannes rubicondes, de maraîchères matelassées de jupes amples, qui rapportaient à leur ferme leurs paniers vides. Autour de moi, les femmes causaient. Elles ne se souciaient pas des opérations militaires ; mais leur pitié d'humbles et bonnes campagnardes débordait en paroles loquaces ; Lierre avait été bombardé ; sur tous les villages, blottis au sud de la ville autour des forts avancés, s'était abattu le fléau de la mitraille, allumant les toits, poursuivant la population qui fuyait sur les routes défoncées.

Le flot déferlant des réfugiés, atterrés et minables, s'était enflé tout à coup. L'interminable cortège ne traversait plus le centre de la ville. La plupart des partants étaients dirigés vers la Hollande ou vers les Flandres.

En route, à un long arrêt, nous rencontrâmes un troupeau de ces pauvres êtres ahuris et prostrés. Ils étaient encagés dans des compartiments sombres, les têtes se touchaient presque et les membres semblaient entassés. Des enfants dormaient, étendus sur les genoux des mères qui ne bougeaient pas. Dans leur figure maigre leurs yeux luisaient. Ils ne parlaient pas ; ils ne pleuraient point. Et la pitié même ne s'éveillait pas devant ce bataillon d'exilés passifs. L'imprévu et la grandeur d'un incompréhensible cataclysme avaient paralysé les facultés de tous et nous étions inaptes à nous imaginer la somme de malheur accumulée sur des milliers de têtes.

Ailleurs, des hommes et des femmes montaient dans les wagons et hissaient des enfants peureux. Ils ne se bousculaient pas ; ils obéissaient aux ordres de leur guide. Une expression identique, fixe, creusée par le malheur dans leurs traits tendus, les transfigurait comme un masque tragique. La plupart, dociles, se mouvaient, par saccades, sans comprendre : des mères oubliaient des enfants ; les hommes valides ne soutenaient pas les vieillards. La soudaineté de la catastrophe atrophiait leur cerveau et l'abrutissement pesant et lugubre, tuait jusqu'à la souffrance. Une sorte d'insensibilité passagère anesthésiait ces exilés ; leur flot s'écoulait à la porte de notre compartiment, continu, monotone et muet ; ce silence insolite pénétrait jusqu'aux moelles ; j'eusse voulu bousculer ces pauvres gens, secouer leur résignation accablante et pesante qui démoralisait...

A la sortie de la haute gare d'Anvers-Dam, des spectacles guerriers s'intercalèrent parmi des paysages connus. Sur l'herbe rongée des fortifications, veillaient des sentinelles ; deux canons menaçaient une large route d'accès. La terre remuée des travaux récents tachetait les remparts de plaques jaunes disséminées. Un mur de tôle, percé de meurtrières carrées, fermait une brèche nouvellement taillée. Ces préparatifs sommaires terrorisaient deux vieilles filles qui s'exilaient en compagnie d'un glapissant King-Charles et d'un canari enroué. Mais la chère dame âgée, que nous menions en Hollande, écrasait sa figure ridée et bouffie contre la vitre ; elle contemplait les canons braqués, les soldats armés et elle se remémorait les guerres, toutes horribles et sanglantes dont elle se souvenait. Elle secouait doucement sa tête congestionnée et, au-dessus de son front labouré de rides, tressaillait le papillon de dentelle de sa capote démodée.

Le train s'arrêta à la station de C*** : un employé qui, depuis vingt ans, poinçonne les billets, et dont j'ai vu la moustache noire blanchir peu à peu, vint nous prier de descendre : « Les maraîchers seuls ont le droit de traverser la zone militaire qui s'étend toute proche ; les voyageurs qui circulent « pour leur agrément » doivent s'arrêter ici. » Résignée, la vieille dame franchit pesamment le marchepied élevé, en s'appuyant sur mon bras. Les cultivateurs et les paysannes, penchés aux fenêtres des voitures, nous regardaient en riant et, dans leur simplicité, ils jouissaient de leur privilège.

Devant la station où le poney au ventre bombé, m'avait maintes fois attendu, des voitures antédiluviennes, hétéroclites, innombrables, roues à roues, encombraient la place exiguë : Des landaus, à la caisse monstrueuse et bosselée, traînés par des bêtes squelettiques, des cabriolets attelés de chevaux de labour, des tapissières dont les rideaux déchirés et maculés flottaient, des charrettes à bagages hautes sur roues, des diligences du vieux temps, des « vigilantes » à la mode anversoise. Les cochers s'accrochaient aux dames, enlevaient les enfants, arrachaient des bagages, vantaient leur équipage, marchandaient, criaient, gesticulaient. Un gros bonhomme, le front perlant de sueur sous un chapeau déformé, le ventre rond sanglé dans une jaquette de notaire, nous hissa dans sa voiture, nous enlevant à la force du poignet à un concurrent moins vigoureux.

Dans aucun pays, sous aucune latitude, je n'ai admiré une guimbarde semblable à celle où nous nous entassâmes, écrasés par nos sacs à mains, éborgnés par nos parapluies. Au siège, spacieux et haut était accrochée une sorte de caisse profonde, agrémentée de deux banquettes qui se faisaient face et, en arrière, comme un prodigieux arrière-train, suivaient les panneaux renversables du landau. Le cocher, à la face cramoisie où deux petits yeux mobiles clignotaient sans cesse, nous convainquit de l'impossibilité de charger notre malle sur ce véhicule, spacieux comme une maison. Il amarra le colis sur une petite charrette dont le plancher usé faillit s'écrouler sur deux roues minces. Un garçonnet à l'air minable et intelligent conduisait le cheval efflanqué, serré entre les brancards de ce triste véhicule. Notre landau s'ébranla avec un bruit de ferraille et de vitres heurtées ; la voiture à bagages, où s'était hissé un Hollandais économe, nous suivait en cahotant. Devant nous, derrière nous, zigzaguait le cortège pittoresque et lamentable des voitures chargées de vieilles dames et d'enfants qui se hâtaient vers la frontière.

Dans le village que nous traversions, chaque maison, chaque arbre, évoquaient de joyeux souvenirs d'enfance ; ils revivaient tous en moi et je me défendais en vain contre leur assaut. Ici, se balance l'enseigne d'une modeste épicerie où, jadis, une grosse marchande bavarde nous distribuait des bonbons ; là, s'étale le large mur blanc d'une ferme, où, à la Fète-Dieu, un prêtre scintillant, chasublé d'or, venait s'agenouiller devant un reposoir, sous un dais grenat frangé d'argent. Nous contournâmes la maison communale en brique rouge. Dans notre jardin, les herbes avaient poussé dans les pelouses et elles masquaient et rongeaient la courbe des parterres. Mais notre hâte obligatoire, nous interdisait une halte à cet endroit aimé, et cela nous énervait, nous remplissait de tristesse.

Nous croisâmes quelques villageois connus ; à notre retour de Berg-op-Zoom, dans le cabriolet cahotant et démodé, ces paysans s'étaient moqués de notre attelage ; notre entassement dans ce landau primitif ne les divertissait plus car tous les jours, à la même heure, défilait le même cortège navrant d'exilés minables.

Toutes les voitures de cette triste caravane d'émigrés nous rattapèrent une à une. Notre cocher cinglait son cheval maigre, qui trottinait péniblement. Bientôt nous nous trouvâmes isolés sur la grand'route bordée de jardins et de rares habitations paysannes. Au lieu de continuer tout droit, par la route la plus courte, vers la Hollande, nous bifurquâmes vers la droite et nous évitâmes les parages ravagés où gisaient les arbres abattus, où les briques pilées des maisons s'étendaient en nappe rouge, parmi les pieux fichés en terre et les fils de fer enchevêtrés.

Nous cheminions par une belle journée d'automne, déjà fraîche ; la lumière était tamisée par des nuages blancs, éclairés sur les bords par les rayons diffusés. Parfois, le paysage, enveloppé d'un voile ténu de brume, se ternissait soudain, quand un cumulus noir masquait le soleil pâle ; puis, sans transition, lorsque le soleil émergeait de nouveau, les feuilles humides luisaient; des ombres noires, aux contours nets, se précisaient sur le sol ; par terre, à nos côtés, s'accentuait le dessin sommaire d'une haridelle, haute sur pattes, le cou tendu, dont l'apparition se confondait avec la silhouette d'un caisson bizarre surmonté d'un siège majestueux comme un trône.

Le paysage qui nous enveloppait m'était familier ; jadis, vers le soir, nous passions souvent, en voiture, par ce chemin étroit, bordé de bois de sapins et d'innombrables buissons de châtaigniers bas. Les pavés irréguliers se voûtaient au milieu de la route, et dans les défoncements, s'accumulait une pâte brune de boue séchée qui se craquelait. A gauche, des monticules herbeux jalonnaient le ruban cendré de la voie cyclable. A droite, s'allongeait une superficie sablonneuse où s'isolaient des touffes d'herbes, où des ornières profondes, aux bords écroulés, traçaient un sillon double et indéfini. Nous nous laissions pénétrer par l'atmosphère calme de ces lieux connus ; notre cheval trottinait ; la charrette, chargée de bagages, se détachait au loin, sur le fond grisâtre, avec la silhouette mince et arquée du conducteur et la figure anguleuse du Hollandais juché sur les malles.

Tout à coup, le spectacle se transforme, comme le décor d'une féerie ; pourtant, nous ne quittons pas les parages aimés des promenades de jadis. Au bord de la route, se blottit une étrange cabane au toit pointu, d'où émergent deux soldats qui nous autorisent à entrer dans la région maudite. Si, par miracle, nous avions été transportés sur une autre planète, la surprise et une sorte de terreur vague et indéfinissable ne nous eussent pas bouleversés et contractés davantage. Ici, la grandeur tragique de la guerre s'imposait ; sa force de destruction nous épouvantait ; sa puissance créatrice nous plongeait dans l'émerveillement. Cette plaine eventrée, soumise au pouvoir militaire, était maltraitée, les flancs ouverts, asservie malgré elle à la défense d'Anvers. Aujourd'hui, dans mon souvenir, l'inutilité de ces ravages cruels ajoute encore au pathétique de ce site bousculé.

Devant nous, une tranchée aux bords droits barrait la moitié de la route et se continuait, marquant une ligne serpentante dans l'immense plaine unie, parsemée çà et là de monticules de terre jaune. A deux mètres de là, un second fossé coupait l'autre côté du passage ; l'isthme de sable resté libre était raviné d'ornières et marqué de profondes traces de sabots. Plus loin, le chemin resserré était protégé par deux remblais élevés qui limitaient la vue ; dans ce boyau, le roulement de la voiture s'enflait bruyamment et une pénible impression d'emprisonnement avivait notre impatience et notre énervement. Quand ces fortifications de campagne s'abaissèrent enfin, nous débouchâmes tout à coup au centre même de la plaine désolée.

Jamais je ne saurai fixer mon état d'âme ; jamais je ne décrirai ce spectacle tragique, guerrier, poignant au delà de l'exprimable.

A l'avant-plan, les bruyères n'avaient pas été piétinées ; les fleurs tardives tachetaient de points roses les places limitées où d'autres bruyères, fanées et pâlies déjà, mettaient un fond d'un rose passé, fondu au brun des tiges desséchées. A côté, comme si l'harmonie eût été voulue par un artiste génial, s'étendait une plaque jaune de sable bouleversé et la section de jeunes arbres coupés à ras du sol semblait flotter sur ce lac safran. La lisière d'un bois détruit verdoyait encore ; les feuilles étaient la note la plus claire d'une gamme de tons hardis où se juxtaposaient les bruns divers des feuilles et des branches mortes, le rouge sombre d'une maison abattue et le noir d'herbes et de débris calcinés. La terre même paraissait rongée par la flamme. Un sentier traçait une ligne en zigzag comme la crevasse d'un tableau, palette mouvante de gris argent, de bleu turquoise, fondus à l'horizon avec les couleurs variées de cette plaine angoissante et merveilleuse.

Lentement, nous traversions ce désert neuf dont notre raison et notre cœur appréciaient la beauté funèbre. L'homme avait imposé sa volonté à la nature ; en une improvisation nécessaire qui attestait sa force, il l'avait creusée, abîmée, modifiée conformément à ses besoins actuels et il prévoyait ici un combat indispensable et farouche.

Mais le silence plane sur cette désolation ; seul, le croassement discordant d'une volée de corbeaux couvre le roulement de notre landau et le trottinement de notre cheval harassé. Les cris lugubres nous inquiètent par leur présage. De la terre utile et vivante, nous venons d'être transportés dans un enfer au sol torturé.

Nous croyions avoir atteint immédiatement le sommet de l'horreur et du sublime funèbre. Mais un autre aspect de cette plaine ravinée devait nous émouvoir plus profondément encore par la beauté et la laideur réunies, par la misère et la grandeur éparses. A un tournant, l'espace bouleversé grandit, augmenta, comme si la dévastation se fût étendue sur toute la terre : ce n'était plus seulement un cite restreint et limité qui s'étalait devant nous, mais une plaine immense, comme jamais je n'en vis de semblable ; les champs de bruyères roses où, jadis, nos chevaux ont écrasé souvent les tiges qui craquaient, paraissaient minuscules, comparés à ce désert artificiel. Dans la vaste zone travaillée, seule la masse de deux forts neufs accrochait le regard qui glissait sur le sol égal ; les ouvrages militaires et les bouches noires d'une batterie accusaient les effets et limitaient les proportions, comme les bouquets d'arbres taillés et les statues isolées d'un jardin dessiné avec art.

Sur cette plaine morte, rongée par l'incendie, labourée par la destruction, comme des parages damnés, vivaient et bougeaient, tout au fond, les lueurs jaunes et rouges d'une meule incendiée. Notre attention se concentrait tout entière sur ce point lumineux où travaillait une force ravageuse, déchaînée, cette fois, par l'homme pour le protéger de désastres plus humiliants et plus irréparables.

Nous traversions un champ de bataille, non pas un endroit sacré, où des souvenirs glorieux se concentrent dans la paix reconquise, mais un cadre préparé pour contenir la mort. Et cette perspective lugubre torturait notre esprit comme une hallucination. Dans ces fossés qui serpentent, sur ce fond de bruyère et de sable, des hommes vont râler et mourir; de ces gueules d'acier, des obus vont s'élancer, fendre l'air en sifflant et anéantir nos ennemis au loin ; d'autres bombes, ayant parcouru leurs trajectoires courbes, exploseront avec fracas, soulevant des mottes de terre et des parcelles de chair humaine. Cette plaine, qui semble endormie, se réveillera ; les tranchées seront un cordon vivant de soldats coude à coude. Pourtant aujourd'hui, dans le matin calme, nul souvenir n'apitoie ou ne soulève les travailleurs ; mais, au moment où la mort guettera, une vie tout entière renaîtra dans des milliers de cerveaux, un passé oublié s'imposera, péremptoire, chargé de désirs impossibles.

Et notre imagination devance l'heure de l'attaque imminente ; elle précise les visions de la bataille qui, à ce même instant, passe en rafale au sud de notre ville.....

Le Hollandais allume une pipe et suit distraitement du regard les bouffées de fumée qui s'agglomèrent, puis s'écartent et se fondent ; le cocher somnole sur son siège haut et les brides flottent sur les côtes saillantes du cheval éreinté. En face de moi, encastrée dans les coussins usés du landau, la vieille dame, couperosée, décoiffée, dit : « Je n'ai jamais rien vu de pareil, » et, secouée par les cahots de la voiture, elle hoche la tête involontairement.

Tout à coup, après un tournant imprévu, nous sortons de la zone militaire ; à côté des troncs abattus et des branches mortes, des arbres vigoureux se dressent, impassibles ; la verdure, lavée par des averses récentes, brille, inaltérable ; dans les parterres des jardins délaissés, des fleurs automnales, enchevêtrées aux mauvaises herbes minces, se juxtaposent en bouquets irréguliers; des enfants jouent devant la terrasse d'une villa ; nous croisons des paysannes lourdes, rebondies et heureuses, affalées dans des charrettes à deux roues, traînées par des chiens haletants.

Ici, à la frontière même du domaine de la mort, la paix s'impose et la joie se propage.

En Hollande, j'ai traversé des petites villes attrayantes, paisibles et j'ai vu des gens heureux; assises à leur fenêtre aux carreaux luisants, de bonnes vieilles dames cousaient, le nez penché sur leur ouvrage, et leurs mains lourdes bougeaient lentement ; des fillettes, pieds nus, pantalon haut troussé sur des cuisses grêles, clapotaient dans des flaques, étalées au fond d'un creux de sable jaune, au bord d'une mer calme et grise. Dans les rues, coupées de ponts de bois, des hommes, préoccupés de leurs affaires, se hâtaient, et leurs jambes, trop minces pour leur corps épais, s'allongeaient et remuaient avec rapidité.....

En appuyant sur ma joue sa joue striée d'un filet de petites veines rouges, notre chère parente nous a dit simplement, avec un chevrotement dans sa voix usée : « Que Dieu vous protège, mes enfants ! » et nous l'avons laissée seule, là-bas, dans une maison aux volets verts qui donne sur une rue neuve pavée de « klinkers. » La façade de briques, sans caractère, se confond avec des villas voisines. Le vent, qui vient du large, creuse et meut le sable fin des dunes proches ; des tourbillons de poussière montent en spirale, piquent les yeux et s'abattent tout à coup. Du deuxième étage, mansardé sous un toit d'ardoises aux angles capricieux, la vue plonge dans la mer lisse et calme qui berce des barques de pêcheurs.

Quelques jours plus tard, je me retrouvai à la frontière belgo-hollandaise, sur la grand'route de Berg-op-Zoom, à vingt kilomètres d'Anvers, à une lieue de notre demeure familiale.

Pendant mon absence, le désastre s'était rapproché. Les obus ennemis avaient éventré les coupoles bétonnées des forts d'avant-garde ; le déluge de fer submergeait déjà les anciennes défenses de la seconde enceinte. La voix du canon qui, il y a six jours, vibrait à peine dans l'air tranquille de la nuit, couvrait maintenant la métropole de son tumulte comminatoire. L'imminence du bombardement, annoncé par le gouvernement militaire, secoua la population de sa torpeur confiante. Les autorités conseillèrent le départ et toute la ville se jeta, comme un fleuve dont les eaux montent, dans les grand'routes débordées.

Maintenant, l'océan du malheur s'enfle ; l'angoisse, l'effroi, la désolation atteignent une hauteur que personne n'imagina jamais. Si, dans le flot déferlant de la souffrance, tout le monde n'avait pas été tenaillé par ses soucis et ses chagrins personnels, la contemplation d'un pareil cataclysme eût abattu les plus courageux. Mais chacun se soucie surtout des êtres aimés et chaque fugitif restreint, malgré lui, l'incommensurable catastrophe à un accident personnel. Une ville entière se vide ; des milliers d'êtres s'en vont, poussés vers l'inconnu, et l'instinct sommaire de la conservation atrophie les intelligences.

Traînant à la remorque des enfants exténués, les pieds saignants, le visage boursouflé, les membres frêles trempés de sueur, une jeune femme avait couru jusqu'à la frontière hollandaise, sans prendre le temps de se reposer ; ici, comme la frayeur ne la galvanisait plus, elle s'était affalée au bord de la route, inconsciente et sans force. De lourds soldats hollandais portaient et serraient dans leurs bras des nourrissons, que leur mère, éreintée, ne soutenait plus. Dans des circonstances moins tragiques, ces gestes maladroits des militaires affairés, le contraste entre leur rôle guerrier et leurs occupations maternelles, nous eussent réjouis infiniment. Mais les premiers fugitifs rencontrés n'étaient que les avant-coureurs de l'interminable cortège où l'angoisse, la fatigue, la haine s'incarnaient en des milliers d'êtres.

Pour me rendre, par le chemin le plus court, à notre maison de campagne, je résolus de remonter le courant humain, lent et compact. La vague sombre de femmes, d'enfants, de vieillards, d'impotents, venait à ma rencontre. Je me faufilai entre les roues des véhicules dont parfois les essieux se touchaient. Sur le pavage central, sur les accotements cendrés, dans le sable et dans les ornières, parmi les voitures enchevêtrées, les fugitifs piétinaient. Je ne distinguais nulle figure dans ce ruban d'êtres humains et d'attelages disparates. Les naseaux d'un cheval heurtaient l'arrière de la voiture précédente qui s'arrêtait brusquement et la secousse se répercutait au loin, dans la file. Un conducteur casse-cou essayait de rattraper son voisin dont il éraflait la charrette et des protestations s'élevaient, bientôt apaisées. Des mères affolées appelaient leurs enfants et des bambins perdus, tout en larmes, étaient hissés sur les carrioles d'inconnus; mais les petits, effrayés, poussaient des cris d'animaux écorchés qui vous heurtaient, une seconde, le tympan, pour se noyer aussitôt dans le bruit vague des appels lointains et des roulements de voitures. Des hommes et des jeunes femmes enjambaient les fossés qui bordent la route ; ils marchaient dans les champs ; ils écrasaient les herbes. Ailleurs, ils s'enfonçaient jusqu'aux chevilles dans les terres labourées; déjà, à quelques endroits dans le sol piétiné, des centaines de pas avaient tracé un sentier dur où les fugitifs se suivaient à la file indienne. Chacun de ces milliers d'exilés abandonnait un foyer paisible et heureux, menacé aujourd'hui par l'ouragan des bombes.

Le flot s'épaississait encore ; affalés dans des

voitures de maraîchers, hautes sur roues, étendus sur de longues charrettes à bras, entassés dans des fiacres délabrés aux coussins crevés, étaient transportés les vieillards et les impotents. Sur un entassement de sacs de toile, de casseroles, de chaussures, de chaises brisées, trônait la cage dorée d'un perroquet. Une voiture d'enfant où un poupon dormait, bousculé et heurté, était attachée à une carriole traînée par un âne boiteux, au poil usé.

A la sortie de la ville menacée, cette foule n'avait pas perdu tout sang-froid. Mais elle n'avait pas encore conscience des proportions surhumaines de la calamité. Peu à peu, les incidents de l'exode la convainquaient de la vérité ; l'exaspération contagieuse tendait et crispait les nerfs. Je vis une fillette, le pied écrasé par la roue d'une tapissière ; l'enfant poussa un cri perçant, sautilla sur un pied et s'abattit, évanouie, près d'un arbre. Des parents, alarmés, traînaient des malades dont les yeux brillaient de fièvre, dans une face blême, pâlie par une longue claustration ; des vieilles femmes infirmes étendues sur des matelas et des ballots de vêtements, geignaient comme de petits enfants. Dans une charrette anglaise, conduite par une jeune femme, habillée d'un tailleur simple et bien coupé, un petit garçon se convulsait ; ses lèvres violacées se crispaient, et il tordait ses bras minces, les poings fermés ; une fillette suivait ; elle ne marchait plus, sa mère la tirait et l'animait par des secousses brèves, à lui démettre l'épaule. Mais l'enfant ne pleurait pas.

Ces images d'horreur défilaient avec rapidité, sans nous retenir ; elles se superposaient en une vision vague. Personne n'osait approfondir et vérifier ses impressions en participant aux angoisses d'autrui, car nous avions atteint les limites possibles du malheur supportable, au delà de quoi les sentiments s'atrophient, comme le corps s'insensibilise dans l'évanouissement.

Bientôt d'autres spectacles empoignants et brefs nous terrassaient comme des commotions physiques. Dans une brouette, une vieille femme charriait, comme un paquet lourd, un cul-de-jatte dont les membres coupés se raidissaient ; la face luisante et bouffie, tordue en une ignoble grimace d'ivrogne, l'estropïé malmenait et insultait sa compagne épuisée. Une enfant perdue, blessée par une chute mortelle, venait d'être relevée par un citadin compatissant ; les cheveux de la fillette couvraient sa figure pâle, se collaient aux tempes, en se maculant de sang. Le corps mince, moulé par une robe de toile légère, se ployait comme une tige souple ; l'homme, chargé de son fardeau, courait de groupe en groupe cherchant en vain les parents de l'enfant inanimée. Dans une charrette de paysan, où la terre grasse des champs adhère au plancher épais et aux roues lourdes, une femme accroupie, tout en larmes, la tête baissée et le dos arrondi, évoque et incarne la douleur, comme une Niobide. A côté d'elle, gît le corps de sa mère foudroyée pendant le trajet et un drap blanc noie dans ses plis le contour du cadavre, et à leur insu, les exilés suivent un corbillard.

J'avançais lentement dans cette mer de fuyards pitoyables. Leur marée m'entourait et me noyait. Des chemins étroits au pavage bosselé, la foule affluait sur la grand'route. Les véhicules s'enchevêtraient et s'arrêtaient, bloqués ; les piétons se faufilaient entre les voitures et se perdaient dans l'immense courant. Des fugitifs pressés s'enfonçaient dans les bois de sapins et glissaient, en se hâtant, sur le tapis lisse des aiguilles sèches. On ramassa, ici, les cadavres d'enfants perdus, morts de fatigue et d'inanition.

Au centre même de cette monstrueuse tragédie se déroulaient des scènes presque drôles ; la gaîté inconsciente des tout petits, le ridicule involontaire des adultes étaient macabres. Un jeune père, maladroit, grondait un bambin qui ne lui obéissait pas. Deux gamins se disputaient une valise défoncée, ramassée sur la route. Ils se battent ; soudain, le plus vigoureux des deux coiffe son adversaire du sac ouvert et la tête s'engouffre dans l'objet même du litige. Une bourgeoise obèse, attifée d'une robe du siècle dernier, balaie de sa jupe longue la poussière du chemin. Les voisins piétinent la traîne ; la grosse femme trébuche, tombe à genoux, en poussant des jappements de caniche qu'on écrase. Des évacuées, prises de panique, se sont mises en route vêtues d'étranges défroques, des chapeaux piqués de plumes audacieuses, des robes fragiles aux couleurs voyantes déjà grises de poussière. Un jeune bourgeois est coiffé d'un chapeau haut de forme qui émerge comme une cheminée, au milieu des casquettes et des coiffures basses.

Les détails dramatiques, comme les aspects risibles de ce lugubre cortège, vous pénètrent peu à peu d'une tristesse incommensurable. Si je ne m'étais replié sur moi-même, si j'avais essayé de participer à cette misère accumulée, je me serais étendu par terre, au bord de la route, découragé, prostré ; j'aurais versé des larmes d'homme, sans honte.

Peu à peu le soir tombant épaississait le voile de poussière, semblable à un nuage bas, et enveloppait la foule et nous apportait la voix des canons plus proches. La fatigue luttait avec la crainte. Déjà, le sol était jonché de paquets abandonnés, d'épluchures, de coquilles d'œufs avalés à la hâte ; çà et là, une valise trop lourde, qui avait pesé sur des épaules endolories, gisait, ouverte, bosselée, impressionnante comme les restes épars d'un champ de bataille. Dans la pénombre, les silhouettes s'effaçaient. Le ruban vivant, moins colorié, plus fondu, se déroulait toujours, comme il devait continuer à se développer pendant quatre jours infernaux. Où donc se dirigeaient ces fugitifs talonnés ? Vers quel but ces malheureux, chassés de leurs foyers, se hâtaient-ils ? Quels gîtes allaient abriter ces enfants résignés, qui ne se plaignent même plus? Quelle Providence nourrira et sauvera les nouveau-nés de la maladie et de la mort? Ces émigrés ne savent pas; ils ne réfléchissent plus; ils marchent. Leurs jambes molles se ploient et au haut de la nuque, la fatigue les charge de son poids. Chez la plupart, elle annihile et tue le germe néfaste des préoccupations. Mais leurs pensées vagues convergent encore vers ce sommet unique : Anvers! Le martyre inéluctable de leur ville les apitoie; la certitude impérieuse du bombardement prochain les investit, s'insinuant en eux. A leur insu, cette pensée douloureuse les accable plus que l'éreintement lancinant de la fuite.

Mais la nuit désagrège le convoi sinistre. Des familles entières s'engouffrent dans les villas et les maisons endormies près de la route. Les enfants tombent comme une masse, les membres ankylosés, endoloris par l'épuisement ; les femmes et les adultes mêmes s'affalent. Sous le dôme des arbres et dans les fossés secs, au pied des bosquets, des êtres exténués s'étendent et s'assoupissent; les tout petits se blottissent contre la poitrine de leur maman, comme des bêtes frileuses.

Dans la nuit qui s'épaississait, je suivais le chemin des piétons qui longe notre jardin. Au centre de la route, une ligne noire se mouvait encore; je percevais le murmure des voix proches; le piétinement des fugitifs et le bruit des voitures m'accompagnaient comme une musique triste. Parfois, dans l'étroit cercle lumineux d'une carriole éclairée, émergeaient des silhouettes confuses : des roues dont les rayons tournent, des croupes de chevaux, des paquets entassés, des corps allongés, de larges épaules qui se touchent... et je hâtais le pas.

J'arrivai tard à notre maison de campagne; la grille or et noir, vers la rue, était restée ouverte; sans discontinuer, la foule hétéroclite et minable passait, et entrait dans le parc. Les émigrés allaient chercher un abri sous les arbres hauts, dans les écuries et les remises. Dans l'allée principale, autour de moi, des pèlerins fatigués étaient couchés. Quelqu'un parlait à voix basse et je distinguais les figures mouvantes qui évoquaient la présence de mille spectres. Des charrettes stationnaient au centre de la « drève » et, sous les bâches relevées, des enfants dormaient.

Dans les communs, où la lueur des bougies et des lampes à pétrole mêlait des ombres, les réfugiés grouillaient; ici régnait une animation inaccoutumée; déjà, les plus fatigués s'étaient étendus et leur installation sommaire rappelait un campement de bohémiens. Des chevaux attachés aux arbres tendaient leur cou vers l'herbe broutée sans hâte. Des hommes affairés descendaient des greniers des brassées de foin et des bottes de paille ; dans un hangar bas, des corps qui se touchaient étaient étendus, parallèles. Parfois, une voix aiguë, forte, s'élevait; une dispute naissait, mais ne se développait pas. Un mioche blond s'était assoupi, serrant un morceau de biscuit mordu, dans sa menotte fermée; une jeune mère avait ouvert un paroissien qu'elle ne lisait pas, mais elle marmottait sans discontinuer des prières et des litanies. Maigre et délabré, un vieillard geignait; comme si le moindre effort eût dû le briser, il adossait son dos voûté au mur blanchi ; sous son pantalon tirebouchonnant, saillaient les pointes des genoux; des larmes, qu'il n'essuyait pas, coulaient et longeaient les rides creusées par la douleur. Des soldats, habitués à coucher sur la dure, ronflaient sans bouger ; mais les citadins, énervés, chatouillés par les brins de paille et de foin qui s'insinuaient sous leurs vêtements, se retournaient agacés sur leur couche...

A la villa, dans le vaste hall, tapissé de faïences anciennes, je trouvai une nombreuse société. Des parents, en quittant Anvers menacé, étaient venus s'abriter chez nous ; à la salle à manger, les reliefs d'un dîner froid encombraient la table, mais ce repas improvisé n'avait distrait personne. Trop de douleurs nous entouraient ; l'inconnu de notre destin, le martyre prochain de notre ville nous hantaient et alourdissaient l'air de la chambre haute. Les langues se paralysaient ; en vain, s'efforçait-on, parfois, de stimuler la conversation, comme l'on attise les braises d'un feu qui meurt.

En nous-mêmes, la faculté de souffrir ne s'était pas encore atrophiée, mais nous n'étions plus capables d'étonnement. Dès l'après-midi, des amis avaient demandé à être hébergés ; les premiers s'étaient excusés de tant de sans-gêne, mais les suivants avaient supprimé, d'instinct, les formules de politesse ridicules et déplacées au milieu de cette tragédie.

Affalée dans un fauteuil, près de la cheminée où des bûches se consumaient parmi des cendres grises, une jeune femme, exténuée, écarquillait les yeux et dodelinait de la tête. Autour d'un de nos officiers que les tranchées ne réclamaient pas, des hommes grisonnants s'étaient groupés. Ils avaient discuté les probabilités de l'offensive allemande qui, déjà, étreignait Anvers. Des paroles graves avaient été dites et, maintenant, dans le silence, les cerveaux mâchaient des pensées décourageantes. Ailleurs, des boîtes de biscuits circulaient ; pour noyer leur appréhension et s'illusionner sur la réalité, quelques-uns de nos amis humaient des liqueurs et se versaient de grands verres de vin : c'étaient des êtres faibles qui n'avaient pas le courage de regarder la vérité face à face.

Deux jeunes gens, qui avaient flirté dans le monde, en s'amusant, sans que jamais leurs sentiments sérieux et vrais ne se fussent précisés, étaient assis ensemble, à l'écart, sur un divan ; leurs mains se frôlaient et ils se dévisageaient, timides, à la dérobée. A cette heure, où nous ne discernions plus nos propres impressions et nos idées personnelles, une passion latente, profonde s'épanouissait en eux. Ils s'imposaient l'un à l'autre un amour qui ne se serait sans doute pas révélé dans l'existence fade et normale.

Mais la fatigue accablait cette étrange assemblée ; après un long silence, une parole nous réveillait, tout à coup, de notre torpeur. Dans le chaos de mes réflexions vagues, flottaient des souvenirs heureux et des évocations tristes : les soirées calmes, en compagnie de bons livres; les fêtes bruyantes, les anniversaires familiaux, les noces gaies, touchantes et si graves, et aussi l'heure affreuse où un cercueil de chêne, appuyé sur les épaules de quatre croque-morts essouflés, s'arrêta ici, une seconde, il y a dix ans. Et, plus proches, les premiers jours de la guerre renaissaient aussi avec leur cortège de sensations mobiles ; mais, par le tragique concentré, par l'angoisse accumulée, la minute présente dépassait les malheurs individuels de jadis gonflés, unifiés, infinis, qui écrasent aujourd'hui toute une ville.

Cette réunion unique fut interrompue de bonne heure. Nous aspirions à la solitude. En nous absorbant ainsi dans des pensées intimes, au milieu de tant d'amis, une sorte de pudeur absurde et vive nous incommodait ; et l'on se sépara en se serrant la main, très fort, sans mot dire.

Et je m'isolai dans ma chambre. Par la fenêtre entr'ouverte s'engouffraient les rumeurs de la foule campée au jardin. Un chuchotement de voix proches montait ; un geignement vague couvrait des paroles raisonnables, mêlées à des plaintes. Le chant très doux d'une mère qui berce son petit accompagnait des pleurs d'enfants.

Ces êtres que nous n'avions pas pu secourir souffraient du froid, de leur solitude et de l'appréhension accablante, plus cruelle que la douleur physique. Mais comment venir en aide à tant de malheureux ? Comment infuser du courage à des êtres affalés qui ne réclament plus aucun secours. Et à nous-mêmes s'imposait la certitude humiliante de notre impuissance.

Tout à coup, un long mugissement, tour à tour rauque et sifflant, remplit de sa clameur stridente la chambre toute entière. D'instinct mes doigts se crispèrent et je serrai comme de la chair vivante la soie crissante et molle d'un coussin japonais. Une frayeur irraisonnée, absurde mais impérieuse envahissait et paralysait tout mon être. Cependant, d'instinct, j'attendais et je souhaitais presque le prolongement de ce ricanement sinistre. Après un bref silence angoissant et vide, le cri de bête terrorisée domina de nouveau, inarticulé et incompréhensible, les autres bruits submergés. Dans ce hurlement caverneux perçaient cette fois le son et le rythme d'une voix humaine, la voix d'une femme qu'aucune volonté ne dirige plus.

Une raison chavire dans la tourmente ; la douleur, l'incertitude, l'horreur de cette nuit tragique étreignent un faible cerveau et l'annihilent.

Bouleversée jusqu'au fond d'elle-même par les malheurs accumulés, une folle divague dans la nuit. Ces appels gutturaux et étranges rappellent les hurlements modulés d'un chien qui aboierait à la mort.

Soudain, comme à l'approche des tremblements de terre pendant les nuits lourdes, mille lamentations éveillées par ces cris d'hallucinée jaillissent, se gonflent et remplissent l'espace tout entier ; l'appel guttural de la folle, ponctué d'exclamations aiguës, s'approche, s'enfle, se développe avec des sanglots, des hoquets et des ricanements. Et bientôt, comme si notre propre pensée eût participé au délire de cette femme qui divague, nous saisissons le sens caché de ce langage inarticulé, nous comprenons les derniers balbutiements du cerveau qui se désagrège. Chargés encore d'une parcelle d'impondérable conscience, ces quelques sons enchevêtrés nous infusent, nous imposent à jamais, une conviction sommaire comme un culte, unique comme un grand amour, indestructible comme une douleur éternelle : L'horreur de la guerre, l'ignominie de ceux qui nous l'imposent.

La même nuit, le bombardement ennemi s'abattit sur Anvers. Pendant quatre jours, des exilés processionnèrent sur la route en un convoi de souffrance.

Le 9 octobre, les Allemands entrèrent dans la ville abandonnée. Comme aux premiers jours de la guerre, notre drapeau se déployait à toutes les façades et, dans ses plis, flottait notre pensée. Les rues se prolongeaient, désertes, et alors — miracle de la confiance et de l'énergie — le silence « dans lequel se forment les grandes choses » imposa *notre* volonté à l'envahisseur. Effrayés par ce calme, incommodés par ce vide, les officiers firent taire les fifres et les tambours : Au pas de parade, les armées du Kaiser défilèrent devant *nos* couleurs.

Paris-Fontainebleau,

1915-1916

TABLE

TABLE

MAYENNE, IMPRIMERIE CHARLES COLIN

ÉDITIONS GEORGES CRÈS & Cie

116, Boulevard Saint-Germain, PARIS-VIe

SUPPLÉMENT

AU

CATALOGUE GÉNÉRAL

DERNIÈRES NOUVEAUTÉS

1918

AVIS. — *Conformément à la décision du Syndicat des Éditeurs, en date du 11 février 1918, une majoration temporaire de 30 % est appliquée à tous les volumes publiés à 3 fr. 50. Tous les autres volumes, d'un prix inférieur ou supérieur à 3 fr. 50, subiront une majoration temporaire de 10 %.*

ÉDITIONS GEORGES CRÈS & Cie

116, Boulevard Saint-Germain, PARIS-VIe

Téléphone : GOBELINS 44-01

SUPPLÉMENT AU CATALOGUE GÉNÉRAL

DERNIÈRES NOUVEAUTÉS

OUVRAGES SUR LA GUERRE

JULIEN ARÈNE. — Les carnets d'un soldat. **En Haute-Alsace et Dans les Vosges.** Illustrations de Venance Curnier. Un vol. in-16 (13 × 20) . . . . 3 fr. 50

JULIEN ARÈNE. — **En Macédoine.** Carnet de route d'un sergent de l'Armée d'Orient. Un vol. in-16 . . . . 3 fr. 50

MAURICE BARRAUD. — **Silence.** Album de onze lithographies (32 × 41). *Justification du tirage :*

N[os] I à V, exemplaires sur japon signés par l'artiste (*souscrits*).

N°s 1 à 50, exemplaires sur Fabriano signés par l'artiste 70 fr.

N°s 51 à 500, exemplaires sur papier anglais. . . . . 35 fr.

MAURICE BARRÈS, de l'Académie française. — **Dieci Giorni in Italia (Dix jours en Italie).** Texte français et traduction italienne. Édition de luxe ornée de bois (tirés en couleurs) d'Émilio Mantelli. Un vol. in-16 (16,5 × 22,5). . . 4 fr. 50

BING. — **Au camp.** Vingt lithographies originales, en couleurs, tirées à 500 ex. sur papier à dessin, et réunies dans un carton composé par l'artiste (53 × 43) . . . . 60 fr.

Il a été tiré, de plus, sur japon, 60 ex. numérotés et signés par l'artiste . . . . 140 fr.

G. A. Borghèse. — **L'Italie et l'humanité nouvelle.** Brochure . . . . 0 fr. 60

Henry Cochin, ancien député du Nord. — **Le Nord de la France envahie.** Une plaquette petit in-16 . . . . 0 fr. 25

Maurice Donnay, de l'Académie française. — **Premières impressions.** *Après.* Un volume petit in-16. Collection « *Bellum* » . . . . 1 fr. 75

Hermann Fernau. — **Allemands ! En avant vers la démocratie.** Traduit de l'allemand par F.-L. Schœll. Un vol. in-16 . . . . 3 fr. 50

Ouvrage interdit en Allemagne et qui constitue le plus formidable réquisitoire qu'on ait écrit contre l'Empire allemand.

Hermann Fernau. — **La Vérité allemande devant l'histoire,** par un citoyen allemand. Une brochure in-16 . . . 0 fr. 50

La France en Macédoine. — Études publiées par les officiers, sous-officiers et soldats de l'Armée d'Orient, dans la *Revue Franco-Macédonienne.*

Première série. — Avril-mai-juin 1916. Lettre-préface de M. Edouard Herriot, sénateur, maire de Lyon. Lithographie originale de Paul Jouve. Un vol. gr. in-16 (15 × 21). . 4 fr.

Deuxième série. — Juillet-décembre 1916. Lithographie originale de J. Touchet. Un vol. gr. in-16 . . . . 4 fr.

Wlad. Gettlich. — **L'Emprise allemande sur la Russie.** Une plaquette in-8 (15,5 × 22,5). . . . . 2 fr.

Remy de Gourmont. — **Les Idées du Jour.** Deux volumes petit in-16, portrait . . . . 5 fr.

Dernier ouvrage du célèbre écrivain.

J.-W. Headlam. — **Angleterre ou Allemagne.** Les Causes et l'Enjeu de la guerre. Un vol. in-16 . . . . 3 fr. 75

Jean Hennessy, député. — **Réalités de guerre.** Un vol. in-18 . . . . 2 fr.

Les Huns, suivi de **la Passion à Lille,** par un sergent. Une plaquette in-16 (13 × 18,5) . . . . 1 fr. 50

Association nationale des professeurs d'Université d'Italie. — **L'Italie et la guerre actuelle,** par G. del Vecchio, P. Fedozzi, P. Bonfant, D'Arias, C. Errera, P.-S. Leicht, L. Bianchi, A. Solmi, P. Revelli, G. Albini. Un vol. in-16. . . . 2 fr.

Marie Jonesco. — **Eux.** Lettre-préface de M. Brieux, de l'Académie française. Une plaquette in-16. . . . . . . 1 fr. 75
Hommage d'une Roumaine à l'armée française. Honoré d'une souscription du Ministère de la Guerre.

D. Nippold. — **Le Réveil du peuple allemand et le rôle de la Suisse.** Une plaquette in-8 (15,5 × 22,5) . . . 1 fr.

C.-F. Ramuz. — **Le Grand Printemps.** Un vol. in-16 (147 mm. × 212) . . . . 2 fr.
(Édition des *Cahiers Vaudois*).

Noelle Roger. — **Soldats internés en Suisse.** Un vol. in-16 (14,5 × 18) . . . . 3 fr. 75

D.-N.-A. Roubakine. — **Qu'est-ce que la Révolution russe ?** Faits, statistiques, perspectives historiques et sociologiques. Un vol. in-16 (12,5 × 19) . . . . 3 fr. 50

Alexis François, professeur à l'Université de Genève. — **La part du Neutre.** Un vol. in-16 (12,5 × 19) . . . . . 3 fr. 75

HISTOIRE

Léon Bloy. — **Constantinople et Byzance.** Un vol. in-16, frontispice d'après un ivoire ancien. . . . . . . 3 fr. 50

G.-K. Chesterton. — **Les Crimes de l'Angleterre.** Introduction de Charles Sarolea. Traduction française de Charles Grolleau. Un vol. in-16, orné d'un portrait de l'auteur. 3 fr. 50

Gustave Geffroy, de l'Académie Goncourt. — **Notre Temps. Scènes d'Histoire.** Un vol. grand in-16, frontispice de H. Daumier . . . . 4 fr. »

Paul Otlet. — **Constitution mondiale de la Société des Nations. Le nouveau droit des gens.** Un vol. in-16. 3 fr. 50

Probus. — **Construire.** Une broch. in-16 . . . . . . 1 fr.

J.-H. Rosny aîné, de l'Académie Goncourt. — **L'Aube du futur.** Un vol. petit in-16 . . . . 1 fr. 75

Sédir. — **Le Martyre de la Pologne.** Une plaquette in-16 . . . . 0 fr. 50

Attilio Tamaro. — **Italiens et Slaves dans l'Adriatique.** Un vol. in-16 . . . . 3 fr. 50

Tchéou Weï. — **Essai sur l'organisation juridique de la Société internationale.** Un vol. in-8 (16 × 23,5). 7 fr. 50

Woodrow Wilson, président des États-Unis. — **La Nouvelle Liberté.** Introduction par Jean Izoulet, professeur au Collège de France. Traduction d'Émile Maucomble. Un vol. in-16 . . . . 3 fr. 50

LITTÉRATURE

Anthologie des écrivains belges (Poètes et Prosateurs). Recueillis et publiés par L. Dumont-Wilden. 2 vol. in-16, avec portraits. Prix des deux volumes . . . . 7 fr.

Anthologie protestante française (XVIe et XVIIe siècles). Recueillie et publiée sous la direction de Raoul Allier. Un vol. in-16, orné de cinq portraits. . . . . 3 fr. 50

Maurice Barrès. — **L'Angoisse de Pascal.** Édition suivie de deux chapitres nouveaux, relatifs aux logis de Pascal à Clermont-Ferrand, et ornée d'un portrait de Blaise Pascal. Un vol. in-16 raisin, vergé de Rives . . . . 6 fr. »

Charles Baudelaire. — **Le Spleen de Paris** (Petits poèmes en prose). Édition critique, revue sur les textes originaux, accompagnée de notes et de variantes et publiée par Ad. Van Bever. Avec deux portraits en phototypie. Un volume in-8 couronne (II-292 p.), tiré sur alfa d'Écosse. . . . 3 fr. 50

Marthe Borely. — **La Femme et l'Amour dans l'œuvre d'Anatole France.** Une brochure in-16 . . . . . 1 fr. 50

Paul Bourget. — **Physiologie de l'Amour moderne.** Avec un frontispice gravé sur bois par J.-L. Perrichon. Un vol. in-16 grand jésus (19 × 13), imprimé sur vélin teinté de Rives. *Épuisé.*

Elie Faure. — **La Conquête.** Un vol. in-16 . . . 3 fr. 50

Élie Faure. — **La Sainte Face.** Un vol. in-16 . . 3 fr. 50

André Germain. — **Renée Vivien.** Un vol. in-16 raisin. 4 fr.

Remy de Gourmont. — **Monsieur Croquant.** Portrait de l'auteur et bois originaux de Raoul Dufy. Un vol. in-16 raisin, vergé de Rives (Collection des *Variétés littéraires*) . *Épuisé.*

Charles Grolleau. — **Une Gloire de la Flandre. Guido Gezelle,** prêtre et poète (1830-1899). Un vol. pet. in-16. 1 fr. 75

MIREILLE HAVET. — **La Maison dans l'œil du chat.** Dessins de JEANNE DE LANUX. Préface de COLETTE WILLY. Un vol. in-4 couronne, vélin teinté . . . . 5 fr.
Le même, cartonné . . . . 6 fr.

L. KUFFERATH. — **Du Torrent au Lac.** Visions d'hier et d'aujourd'hui. Un vol. in-16 (15 × 18). . . . . 3 fr. 75

STEPHEN LEACOCK, professeur à l'Université Mc Gill, de Montréal. — **L'Humour américain.** Suivi de deux contes,inédits et orné d'un portrait de l'auteur. Une plaquette in-16. 1 fr. 50

FRÉDÉRIC LEFÈVRE. — **La Jeune poésie française.** Hommes et tendances. Un vol. in-16 . . . . 3 fr. 50

TRISTAN LEGAY. — **Victor Hugo jugé par son Siècle.** Frontispice de Rodin. Un fort vol. in-16 . . . . . . 1 fr. 95

TRISTAN LEGAY. — **Les Amours de Victor Hugo.** Un vol. in-16, portrait et autographe . . . . 1 fr. 95

MARIE, Reine de Roumanie. — **Mon Pays.** Un vol. pet. in-16, avec portrait . . . . 1 fr. 75

P. RIOUX DE MAILLOU. — **Souvenirs des autres.** Préface de GUSTAVE GEFFROY, de l'Académie Goncourt. Un vol. in-16, vélin teinté. . . . . 3 fr. 50

LAURENT TAILHADE. — **Les Saisons et les jours.** Un vol. in-16 raisin . . . . 3 fr.

LAURENT TAILHADE. — **Les Livres et les Hommes** (1916-1917). Un vol. in-16 . . . . 3 fr. 50

LITTÉRATURE CATHOLIQUE

ALBERT BESSIÈRES. — **Ames nouvelles (Instituteurs-soldats).** Une « Promotion de l'Espérance ». Un vol. in-16 . 3 fr. 50

R. P. HUMBERT CLÉRISSAC, O. P. — **Le Mystère de l'Église.** Préface de JACQUES MARITAIN, professeur à l'Institut Catholique. Un vol. in-16 avec portrait . . . . 3 fr. 50

ERNEST HELLO. — **Physionomies de saints.** Un vol. in-16 raisin (19 × 13), imprimé sur vélin de Rives . . . . . 10 fr.
(Collection *Le Livre catholique.*)

PIERRE VAN DER MEER DE WALCHEREN. — **Journal d'un converti.** Préface de LÉON BLOY. Un vol. in-16 . . . . . . 3 fr. 50

VALÈRE BERNARD. — **Bagatouni**. Un vol. in-16, frontispice à l'eau forte par l'auteur. . . . . 1 fr. 95

JEANNE BROUSSAN-GAUBERT. — **Reviendra-t-il** ? Un vol. in-16. 3 fr. 50

COMTESSE DE CHAMBRUN. — **L'Echiquier**. Roman courtois. Un vol. in-16 . . . . 3 fr. 50

ANDRÉ DELACOUR.— **Le Trait d'union**. Un vol. in-16. 3 fr. 50

ERNEST GAUBERT. — **La Mayorquine**. *Couronné par l'Académie française.* Grand prix Montyon 1918. Un vol. in.16 . 3 fr. 50

THOMAS HARDY. — **Une Femme imaginative**. Roman. Une broch. in-16, portrait hors-texte de l'auteur . . . 3 fr. 50
(Edition des *Cahiers britanniques et américains.*)

PIERRE LIÈVRE. — **Le Roman sournois**. Un vol. pet. in-16 (9,5 × 14). . . . . , ... 1 fr.

GEORGES DE LINIÈRE. — **L'Illusion**. Un vol. in-16. . . 3 fr. 50

C.-F. RAMUZ. — **Le Règne de l'Esprit malin**. Histoire. Un vol. in-16 (15 × 21) . . . . 3 fr. 50
(Editions des *Cahiers Vaudois.*)

P.-J. TOULET. — **Monsieur du Paur**. Un vol. in-16. 3 fr. 50

P.-J. TOULET.— **Comme une fantaisie**. Un vol. in-16. 3 fr. 50

JEAN VIEYRA. — **Sacrifiée**. Un vol. in-16 . . . . . 3 fr. 50

GILBERT DE VOISINS. — **Les Moments perdus de John Shag**. Un vol. in-16 . . . . 1 fr. 95

ISRAEL ZANGWILL. — **Les Enfants du Ghetto**. Traduction française de PIERRE MILLE. Un vol. in-18 jésus (12 × 18), orné d'un portrait de l'auteur . . . . 3 fr. 50

THÉATRE

HENRY BATAILLE. — **Ecrits sur le Théâtre**. Un vol. in-16 (117 × 185) . . . . 3 fr. 50

ANDRÉ DUMAS.— **L'Eternelle présence**. Nocturne en un acte, en vers. Représenté à la Comédie-Française pour l'anniversaire de la bataille de la Marne, le 13 septembre 1917. Une plaquette in-16. *Couronné par l'Académie française* . 1 fr. 25.

Paul Géraldy. — **Les Noces d'argent**. Comédie en quatre actes, représentée pour la première fois sur la scène de la Comédie-Française, le 5 mai 1917. Un vol. in-16 (117×185). 3 fr. 50

Charles Le Goffic et André Dumas. — **Sans nouvelles**. Drame maritime en 1 acte, en prose. Une plaquette in-16 . 1 fr. 50

H.-P. Lenormand. — **Trois Drames**. *Les Possédés. Terres chaudes. Les Ratés.* Un vol. in-16 (12 × 18,5). . . . . 3 fr. 50

René Morax. — **Théâtre de Poupées**. Un vol. in-16 (145 mm. × 210 mm.) . . . . 3 fr.

(Collection des « *Cahiers Vaudois* ».)

Alfred Mortier. — **Dramaturgie de Paris**. Un vol. in-16 (12 × 18) . . . . 3 fr. 50

EN VENTE

AUX ÉDITIONS GEORGES CRÈS & Cie

Numéros spéciaux de LA PLUME

Rodin et son œuvre, complet en 6 fascicules, pour l'édition de luxe. . . . . 6 fr. »

Le même numéro, en un fascicule, pour l'édition ordinaire . . . . 3 fr. 50

Félicien Rops, avec cent vingt-cinq reproductions et un catalogue de l'Œuvre de Rops . . . . 5 fr. »

Constantin Meunier et son œuvre, avec trente-neuf reproductions . . . . 5 fr. »

James Ensor, peintre et graveur, avec cent onze illustrations du célèbre artiste, couverture en couleurs . 3 fr. 50

Jules Valadon, avec reproductions . . . . 0 fr. 50

Henry de Groux, avec quatre-vingt-dix reproductions 5 fr. »

L'Art et la Femme au Japon . . . . 1 fr. »

Album d'affiches et d'estampes modernes . . . 3 fr. 50

L'Imagier André des Gachons, nombreuses illustrations, hors texte en couleurs . . . . 1 fr. 50

Salons de 1896, nombreuses illustrations . . . . . 1 fr. 20

Alphonse Mucha et son œuvre, cent ving-sept illustrations, couverture en couleurs. . . . . 3 fr. 50

Charles Baudelaire, par Fél. Gautier. Illustrations d'après des documents du temps . . . . *Epuisé.*

Paul Verlaine (Ce numéro contient : *le Congrès des Poètes*, 180 opinions sur Paul Verlaine ; *Chair*, vol. de vers posthumes inédits de Paul Verlaine, l'Iconographie à peu près complète du Poète, etc., etc.) . . . . 2 fr. »

Hommage à Victor Hugo. . . . . 0 fr. 50

La Chanson classique. . . . . 0 fr. 50

Le Congrès des Poètes . . . . 1 fr. »

Le Naturisme et M. Saint-Georges de Bouhélier 0 fr. 60

La question Louis XVII, avec nombreuses illustrations documentaires. . . . . 3 fr. 50

L'Aristocratie . . . . 0 fr. 50

Hommage à Tolstoï. . . . . 1 fr. 50

Chansons d'amour. Dix lithographies d'ADOLPHE WILLETTE. 3 fr. 50

Demander le Catalogue détaillé de ces Numéros

dont quelques-uns sont presque épuisés.

33517. — Tours, imprimerie E. ARRAULT et Cie.

MAYENNE, IMPRIMERIE CHARLES COLIN

Prix : 3 fr. 50

Majoration temporaire
de 30 0/0
(*Décision syndicale du*
1er Février 1918).

www.ingramcontent.com/pod-product-compliance
Ingram Content Group UK Ltd.
Pitfield, Milton Keynes, MK11 3LW, UK
UKHW021855190726
13855UKWH00001B/326

9 782013 417457